LES MOTS CLÉS DU BOUDDHISME

Du même auteur

La méditation dans l'action, éditions Dzambala, 1996.

Vivre, mourir et vivre, éditions Dzambala, 1996.

Le Mime et le Lama, éditions Fayard, 2001.

Lama Jigmela Rinpoche

LES MOTS CLÉS DU BOUDDHISME

Propos recueillis et retranscrits
par Daniella Muggia

Michel LAFON

7-13, bd Paul-Émile-Victor, Ile de la Jatte,
92521 Neuilly-sur-Seine Cedex

Préface de l'éditeur

Les mots clés du bouddhisme : un livre sésame

Ne vous y trompez pas, cet ouvrage ne prétend nullement vous faire tout connaître du bouddhisme : il vous permettra simplement d'entrer – c'est le rôle des clés – dans un univers qui attire un nombre grandissant de personnes, mais leur paraît parfois trop compliqué à pénétrer pour qu'elles aillent plus loin dans leur démarche.

Lama Jigmela Rinpoche commence donc par le commencement : il nous ouvre la porte, en nous familiarisant avec les principaux termes de cette doctrine et en nous expliquant un certain nombre de concepts que l'on a parfois tendance à mal traduire en Occident. Le bouddhisme est-il une religion ou une philosophie ? Et si c'est une philosophie, pourquoi tous ces rites, ces prières, ces déités ? Que sont les mandalas, les mudras ? Qu'est-ce qu'un mantra et comment cela fonctionne-t-il ? Qui sont les bodhisattvas, les lamas, les tulkous ? Les devas sont-ils des anges, des fées, des elfes ?

L'auteur nous indique aussi, bien sûr, comment la pratique du bouddhisme aide à se libérer de la souffrance, sans que ce détachement suppose l'indifférence – confusion occidentale très fréquente. De même l'amour, s'il est dénué de toute idée de possession, ne peut-il être source de chagrin, pas plus que la mort ne devrait susciter le désespoir si on la prend pour ce qu'elle est : la fin d'un passage terrestre, en attendant une autre réincarnation. Quant à celle-ci et au karma, il est bon de savoir, d'emblée, qu'avoir fait preuve de « mérites » divers dans cette vie ne nous rendra pas milliardaire dans une prochaine existence pour autant, et que si nous renaissons sous une forme animale, ce ne sera pas fatalement une régression.

Cela dit, attention, ce livre est dangereux ! On l'ouvre comme une sorte de dictionnaire, puis on se fait piéger. Eh oui, piéger ! Parce que aucun prêche aux allures de leçons de morale ne vient ici nous rebuter. Mais aussi parce que, d'évidence, on découvre peu à peu la véritable égalité de tous les êtres vivants, donc l'inéluctabilité de la compassion et de ses corollaires quotidiens : ne pas tuer, ne pas voler, ne pas nuire, ne pas mentir, ni blesser, ni semer la discorde, bref éviter le mal sous toutes ses formes. Un sacré travail, et l'on sait qu'on n'y parviendra pas en une vie, mais puisqu'on a le temps...

Je vous aurai prévenus : la sagesse d'un lama vous transforme. En refermant ce livre, vous ne serez plus tout à fait les mêmes...

MICHEL LAFON

A… comme Animaux

Selon les enseignements du Bouddha, les êtres sensibles vivent dans six règnes, et l'un de ceux-ci est le monde animal.

La nature de leur conscience n'est pas différente de la nôtre en ce qu'elle est aussi enracinée dans la nature de bouddha ; seule diffère leur vision du monde et, par conséquent, leurs réactions. Ceci implique qu'il n'existe qu'une différence extérieure entre la conscience d'un animal et celle d'un être humain.

De fait, l'une et l'autre sont obscurcies par les émotions et l'ignorance qui les empêchent de manifester leur sagesse naturelle. Et si le désir et l'attachement sont plus caractéristiques du genre humain, l'ignorance est le principal obstacle des animaux.

Le Bouddha fait toujours référence à *tous* les êtres sensibles, entendant aussi par-là les animaux, et il nous a enseigné que nous devrions rechercher la libération non seulement pour nous-mêmes, mais aussi pour tous les êtres sensibles.

En raison de son *karma* passé, l'être humain a développé une vision du monde qui lui permet de gouverner son propre *karma* bien mieux que ne pourrait le faire un animal, de sorte que nous sommes aussi karmiquement responsables des animaux.

Selon les enseignements du Bouddha, quatre conditions sont nécessaires pour réaliser notre nature véritable :

1 – la nature de bouddha elle-même, qui est propre à tous les êtres du moment qu'ils sont conscients ;

2 – la précieuse existence humaine, qui permet de réaliser plus facilement la véritable nature de l'esprit, et aussi de rechercher consciemment les enseignements dont nous avons besoin pour exercer une influence directe sur notre *karma* ;

3 – de la même façon, nous avons aussi besoin de l'aide des autres, surtout de celle d'un enseignant ou d'un ami spirituel ;

4 – enfin, nous avons besoin d'instructions adaptées car, même si nous avons un maître spirituel, si celui-ci n'est pas à même de communiquer avec nous, il ne nous sera d'aucune aide.

Théoriquement, les animaux ne seraient par conséquent pas en mesure de réaliser la vérité ; mais il existe heureusement des êtres capables de communiquer avec eux, leur transmettant les instructions justes qui permettent de sortir de l'illusion du *samsara*. Le Bouddha lui-même se manifesta dans leur règne afin de leur donner des enseignements, ainsi que l'ont fait bien des *bodhisattvas,* comme saint François dans la tradition chrétienne.

Mais, même sans être un *bodhisattva,* nous pouvons facilement aider les animaux à progresser vers la réalisation.

Notre *karma*, comme le leur, se construit par actions et réactions : nous développons une attirance, de l'attachement, envers quelque chose qui nous plaît ; à l'inverse, lorsque quelque chose nous déplaît, nous créons de l'aversion ; lorsque nous ne voulons pas savoir, nous créons de l'ignorance. Grâce à ce jeu d'actions et de réactions, nous pouvons réveiller leur intelligence et, en interférant avec eux sur un plan psychique nous pouvons à notre tour faire que notre vision des choses soit plus positive, plus calme ; nous pouvons devenir plus ouverts ; ceci encouragera probablement notre chien à en faire autant.

La communication verbale n'est pas la seule qui existe. Je me souviens que le XVIe Karmapa possédait un danois, mais il ne pouvait l'emmener avec lui au Sikkim ; aussi dut-il le laisser en France avec un eczéma sévère. Qui sait quelles bénédictions avait reçues le chien du Karmapa avant qu'ils ne se séparent, car il demeurait toute la journée assis dans l'herbe, comme un certain lama nommé Phurtséla. Phurtséla, en fait, avait pour habitude de méditer de cette façon, assis dans l'herbe, et peut-être le chien en faisait-il autant... ou peut-être était-il seulement un peu triste...

Mais, pour en revenir à la communication non verbale, ce chien était allergique à une espèce d'herbe, il ne pouvait donc être débarrassé de son eczéma : il n'avait pas du tout aimé la piqûre que lui avait administrée le vétérinaire lors de sa première visite, aussi, lors des visites suivantes, à peine quelqu'un pensait-il : « Il faut ramener le chien chez le médecin » que le danois disparaissait et demeurait au loin jusqu'à ce qu'il lui semble qu'on avait oublié l'affaire. J'ai dû mettre au point une forme de non-pensée afin de pouvoir l'attraper et l'emmener chez le vétérinaire sans penser à ce que j'étais en train de faire !

S'il n'y avait eu aucun moyen de communiquer sans paroles avec un animal, ce chien ne se serait certainement pas sauvé en courant à chaque fois que je pensais « vétérinaire » !

On m'a offert, un jour, une femelle de berger allemand, encore jeune. Elle était très agressive et avait développé à mon égard un tel attachement qu'elle souffrait terriblement à chaque fois que je partais en voyage. Je me mis à méditer en me tenant auprès du chien et, peu à peu, il commença à se détendre, à accepter avec équanimité ma présence et mon absence, devenant un animal heureux et aimable. Il avait perçu ce que je voulais partager avec lui : tout cela ne nécessita pas la moindre parole.

Il existe en réalité une autre façon de communiquer avec les animaux, le mode de l'intuition directe : ils peuvent « goûter » directement la qualité de votre réalisation. Souvent, les yogis indiens vivent retirés, fraternisant avec les animaux sauvages et dangereux de la forêt. Ceux-ci s'apaisent à force de voisiner avec des yogis, lesquels n'exercent aucune forme de dressage. Ce sont les animaux qui cherchent leur compagnie.

Le XVIe Karmapa avait cette particularité et les animaux l'approchaient spontanément, ou bien les gens les lui amenaient. Près de Rumtek, au Sikkim, où vivait le Karmapa, il est une grande forêt peuplée de nombreux animaux. Il arrivait souvent que ceux-ci se rendent auprès du Karmapa avant de mourir afin qu'il puisse les aider.

Comme vous le savez, nous autres Tibétains poursuivons toute la vie une pratique spéciale dans le but de pouvoir être conscients au moment du trépas, car nous pensons que c'est au moment de notre mort qu'il est le plus facile de nous libérer de l'illusion du *samsara* (c'est-à-dire du monde conditionné) : à peine l'esprit se libère-t-il du corps que, se trouvant moins conditionné, il peut réaliser plus vite sa propre nature.

Celui qui a bien pratiqué durant sa vie peut demeurer plusieurs jours dans la posture du lotus, cliniquement mort mais sans présenter de rigidité cadavérique, avec un esprit bien présent, entièrement conscient mais non plus conditionné par les sens, après l'arrêt de toutes les fonctions corporelles.

Cela signifie que l'esprit ne sera pas emprisonné dans le *bardo*, cet état hallucinatoire entre mort et renaissance. En fait il y a, au moment du trépas, comme un black-out de l'esprit, dont le réveil s'opère ensuite dans le *bardo*. Dans un tel état, les hallucinations dépendent du *karma* passé, des habitudes cultivées durant la vie. La qualité de notre renaissance sera fonction du degré de conscience que nous aurons face à ces hallucinations. Si nous réussissons à éviter le black-out de l'esprit, nous pourrons reconnaître ces hallucinations pour ce qu'elles sont, c'est-à-dire un produit de l'esprit lui-même, et nous réaliserons dans la mort cette libération de l'illusion que nous n'aurons pas été à même d'obtenir durant la vie.

L'état de méditation durant et après la mort est appelé *samadhi* et signifie que l'on peut passer d'une existence à l'autre – positive – sans traverser l'état du *bardo*[1]. Dans l'état du *bardo*, il s'écoule un

1. Le *bardo* est un état hallucinatoire dans lequel l'esprit se trouve pendant environ quarante-neuf jours après la mort du corps et avant la renaissance suivante. L'un des principaux entraînements tibétains consiste à acquérir pendant la vie la faculté d'être conscients que nos rêves, quand nous dormons, ne sont que des rêves, si bien que, quand nous entrerons dans le *bardo*, nous ne perdrons ni notre conscience ni tout ce que nous avons réalisé pendant cette vie. Vous pourrez trouver d'autres informations en lisant « M comme Mort & Mourir » et « P comme Pouvoirs », dans lequel on traite du yoga du rêve, bien qu'on l'on se réfère maintenant à une forme de méditation plutôt qu'au yoga du rêve.

certain temps avant que l'on comprenne que l'on est mort ; on y éprouve seulement le sentiment d'une grande perte qui provoque l'inquiétude, ce qui fait que l'on tourne en rond pendant un certain temps à la recherche de ce qui nous manque. Puis, tout doucement, cette sensation se transforme et l'on se dirige vers une autre incarnation qui correspondra à notre conscience. Comme l'esprit est libéré du corps et, de ce fait, moins conditionné et plus clair, il peut recevoir assez facilement un message non verbal. C'est la raison pour laquelle les lamas s'efforcent toujours de contacter l'esprit du défunt aussitôt après sa mort de façon à en accroître la conscience et à le guider rapidement hors du *bardo.*

Le chemin pour en sortir est probablement plus aisé pour les animaux car, bien qu'ayant des habitudes et des attachements tout comme les êtres humains, ils en ont tout de même moins. Ils n'ont pas à affronter, par exemple, l'attachement à une maison, à l'argent, à une position sociale, à une belle voiture, à la terre, et ainsi de suite ! Le *samadhi* est le résultat d'instructions déterminées reçues par les pratiquants surtout durant leur vie. Il se caractérise physiquement par quelques points qui demeurent tièdes dans le corps, en particulier le *chakra* du cœur et deux points sur le cou, juste sous les oreilles. Ceci (du moins pour ce qui est du *chakra* du cœur) se produisait même chez les chats et les chiens qui venaient mourir près du Karmapa : après le trépas, au lieu de s'affaisser, leur corps demeurait dans ce qui correspond probablement à leur posture de méditation, c'est-à-dire celle du sphinx. Ils pouvaient demeurer ainsi de douze heures à trois jours et la même chose se produisait pour les oiseaux que, cependant, le Karmapa couchait dans un verre alors qu'ils étaient encore mourants, de façon à les maintenir dans leur position « assise ». Ce n'est que lorsque la phase de méditation *post mortem* était terminée que la tête de l'oiseau retombait vers le bas.

Le Karmapa savait quels animaux avaient besoin d'instructions particulières, d'une aide plus importante : les animaux, tout comme les humains, ne sont pas tous égaux. Certains oiseaux étaient en mesure d'affronter la mort dans une cage ; pour d'autres, il préférait les prendre dans ses mains, leur tirant avec délicatesse les plumes de la tête en récitant des *mantras*. Puis la tête de l'oiseau continuait à demeurer bien droite, en position de méditation.

De même, son chien, qui était très malade et très tendu alors qu'il allait affronter la mort loin du Karmapa, parvint à retrouver complètement son calme et à faire face au trépas dans une grande paix. Voilà le genre d'influence que le Karmapa pouvait exercer sur les animaux. Il avait aussi un autre petit chien qui fut retrouvé mort sous une table ; mort, mais cependant encore dans sa posture de méditation. Ce n'est que plus tard qu'il s'affaissa.

Il y eut également le cas des cinq pékinois qui étaient avec le Karmapa lorsque vint pour lui le moment de laisser son corps : il s'écoula plusieurs mois entre sa mort et la crémation du corps, mais deux de ces chiens moururent le jour même où le corps fut brûlé, bien qu'ils fussent en parfaite santé. C'était le signe d'un lien spirituel fort et direct avec le Karmapa, puisqu'ils avaient choisi de s'en aller au moment même où le principe conscient du Karmapa quittait ce monde.

Le XIIIe Karmapa avait lui aussi un rapport merveilleux avec les animaux : il passait de longues périodes de retraite en compagnie d'un chat, d'un lapin et d'un oiseau. Il laissa, à travers la façon dont il les éduqua, un enseignement précieux pour notre propre éducation. Il n'était pas fou. Simplement, il savait que les animaux peuvent évoluer spirituellement, et il avait trouvé la façon appropriée de communiquer avec eux. Il était à même de comprendre quelles étaient les émotions qui les troublaient et de les aider à les transformer. Tout ceci se produisait au sein d'un profond contact mental, au-delà des mots.

Mais il n'est pas nécessaire d'être le Karmapa : lorsqu'il y a des animaux chez nous, nous pourrions avant tout leur apprendre à vivre sans conflits avec les êtres humains ; néanmoins il faut être conscient du fait qu'ils s'imprègnent littéralement de nos comportements et que nous pouvons aussi polluer leur conscience. Nous devrions prendre conscience de notre responsabilité face à ce qu'ils peuvent devenir.

Éduquer un chien ou un chat pour l'aider à évoluer est bien, mais il reste encore à comprendre une chose : il faut lui laisser le temps d'apprendre et de progresser. Par lui-même, le dressage d'un animal se résume à forcer les étapes de l'évolution : c'est un rythme donné à soutenir, et l'on ne prend pas en considération le caractère de l'animal. Laissons-les être ce qu'ils sont, et s'ils ont besoin de trois ans pour achever leur éducation, c'est égal. Je me rappelle deux petits chiens tibétains qui aboyaient toujours pendant les enseignements : le traducteur ne parvenait même pas à entendre le lama et les élèves supportaient mal les chiens. Il eût été facile de les dresser à ne pas entrer dans le temple, mais on remplaça ce dressage par une bonne mesure de patience et une attitude éducative ; si bien que, maintenant, les deux chiens sont parvenus à une meilleure compréhension, une plus grande intelligence, et ont appris à ne pas déranger.

Une fois, en Suisse, le dalaï-lama donnait une initiation à près de quatre cents personnes sous une grande tente : à cette époque, les Occidentaux n'étaient pas aussi habitués aux Tibétains et, conditionnés qu'ils étaient au fait que les chiens ne pouvaient entrer dans les églises, éprouvèrent de la curiosité, voire une certaine crainte concernant l'éventuelle réaction du dalaï-lama lorsqu'ils virent entrer un chien. Mais une autre surprise attendait nombre d'entre eux : le chien se dirigea directement vers Sa Sainteté qui, tout simplement, interrompit l'enseignement, glissa une main dans sa robe monacale et en tira un morceau de pain qu'il offrit à l'animal. Puis il reprit l'enseignement.

Nous devrions remodeler depuis le début nos relations avec les animaux : les aimer sans possessivité, mais aussi cesser de croire qu'un chien bien dressé donne à autrui une impression favorable de son maître.

Lorsqu'un animal se montre coléreux et d'un tempérament agressif, nous pouvons lui enseigner le calme : selon la façon dont nous vivons avec eux, nous pouvons parvenir à faire que se résolvent toutes les tensions, et c'est là le service que nous pouvons rendre aux animaux.

Quand un animal est tranquille, nous ne devrions pas aller le déranger pour notre plaisir, faute de quoi, nous serions responsables des émotions que nous lui causerions. Rappelez-vous toujours que les émotions créent le *karma*.

On pourrait arguer que, de toute façon, les animaux sont naturellement agressifs ; que les fauves mangent d'autres animaux, et ainsi de suite ; mais leur violence est différente de la nôtre, parce qu'ils ne sont en quête que de nourriture. Le Bouddha a dit que la souffrance propre au règne animal réside justement dans le fait qu'ils doivent se manger les uns les autres.

J'avais un chat domestique qui capturait les souris alors qu'il était abondamment nourri. La nourriture que je lui donnais ne suffisait pas, évidemment, à le faire cesser, parce qu'il avait besoin de la garantie que la nourriture lui parviendrait toujours. Il lui fallait être certain que je continuerais à m'occuper de lui.

Les animaux nous enseignent aussi quelque chose sur notre propre compte ; il suffit d'observer nos comportements !

Au début, c'est *notre* chien, une extension de nous-même, quelque chose dont nous prenons soin et que nous nourrissons, mais avec un désir d'annexion, comme pour une belle voiture ou pour un amour exclusif qui nous serait uniquement réservé.

Puis, peu à peu, nous commençons à chercher ce qui serait bon pour notre chien, et c'est cela qui fait éclore en nous une attitude de service. Nous passons d'un amour conditionné à l'amour inconditionné, à la vraie compassion, où l'unique satisfaction réside dans le fait d'aider les autres. Et cette satisfaction peut être découverte d'autant plus facilement avec les animaux qu'ils demandent beaucoup moins que les êtres humains. Cette opportunité qu'ils nous offrent est leur enseignement principal dans la relation que nous avons avec eux.

On ne devrait pas utiliser un animal pour son plaisir : une fois, le XVIe Karmapa donna un enseignement alors qu'il voyait un singe dressé, obligé de s'exhiber dans la rue pour amuser les gens. Il dit que lorsqu'on contraint ainsi un animal, l'animal souffre et, comme il ne peut supporter cette souffrance, il développe une grande colère contre les hommes. D'ordinaire, les émotions des animaux sont seulement passagères et moins négatives que celles que connaissent les humains, mais dans un tel cas, la colère ne disparaît pas et s'accumule dans l'esprit du singe pour se manifester ensuite dans l'état du *bardo*, si bien que son esprit aura tendance à s'incarner dans un règne inférieur à celui des animaux, parmi des êtres dont l'émotion fondamentale est la colère. Un tel règne existe, c'est l'un des six règnes dont le Bouddha a parlé. C'est le règne des esprits « avides ».

Ceci est l'exemple d'une souffrance vraiment inutile et de ce qui en découle. Nous pouvons l'appliquer aux cirques, mais aussi à nous-mêmes lorsque nous dérangeons un animal sans nécessité, ou que nous le surchargeons pour l'exploiter dans les transports.

Si possible, nous ne devrions pas les manger. Il est vrai que les Tibétains sont carnivores, mais en fait, ils sont conditionnés par leur culture (dans laquelle, de toute façon, ont préfère tuer un seul yack qui nourrira une famille entière plutôt que plusieurs poissons qui ne nourriront qu'un seul homme) et par la culture occidentale dans laquelle les gens mangent n'importe quel type de viande sans avoir conscience de ce qu'ils font. Les Indiens américains aussi avaient l'habitude de manger des animaux mais, comme ils étaient à même d'établir avec ceux-ci une communication non verbale, ils avaient pour habitude d'en demander la permission avant de le faire.

Il y avait, au Tibet, un boucher qui avait pour tâche de tuer les chèvres pour la communauté entière. Mais un jour, alors qu'il avait laissé traîner un de ses couteaux, il vit une chèvre qui cherchait à le cacher en le recouvrant de terre. À cet instant précis, il comprit que cette chèvre était un être conscient. Aussi abandonna-t-il son métier, s'en fut se retirer et devint un grand yogi.

On ne devrait pas utiliser les animaux pour notre profit : si l'intention de la science médicale est bonne quand elle veut éliminer la souffrance de l'humanité, la façon dont elle se sert des animaux dans les laboratoires n'est ni correcte, ni nécessaire. On ne saurait espérer éliminer la souffrance en créant une autre souffrance ; tout comme on ne saurait éliminer la violence en usant de violence.

Selon notre tradition, le singe de l'exemple cité plus haut peut renaître dans un monde inférieur, et ceci peut aussi arriver à un homme : nous pouvons renaître en tant qu'animaux, et je ne parle pas seulement des *bodhisattvas !* [1]

---

1. Voir d'autres informations à ce sujet dans « R comme Réincarnation ».

De la même façon que le Bouddha lui-même enseigna le *Dharma* dans tous les règnes, un *bodhisattva* peut renaître sous une forme animale afin de favoriser l'évolution dans ce règne. Il n'existe aucun moyen particulier de savoir si un animal est un *bodhisattva* réincarné, mais il est vrai que, de temps en temps, il arrive à chacun de rencontrer des animaux spéciaux. Par exemple, les canaris du XVIe Karmapa. À Rumtek, tout le monde savait qu'ils prendraient soin des petits oiseaux tombés du nid dans la forêt, de quelque espèce qu'ils fussent. Une fois touchés par une personne qui aurait tenté de les remettre au nid, la mère ne s'en serait plus occupée, aussi les gens avaient-ils coutume de porter les oisillons au monastère, sachant que les canaris allaient les élever.

Ceux d'entre vous qui ont un chien généreux, tranquille, gentil, sont déjà – je crois – en train de penser qu'il doit s'agir d'un *bodhisattva*... Mais rappelez-vous que les animaux imitent toujours le comportement des humains, et que si votre chien est bon, calme et généreux, peut-être est-ce seulement parce que vous l'êtes aussi !

B... comme Bodhisattva

Historiquement parlant, nous savons que le Bouddha Sakyamouni est venu en ce monde près de cinq cents ans avant le Christ. Nous appelons « bouddha » un être qui a complètement réalisé la véritable nature de l'esprit et qui vient au monde pour commencer un corpus d'enseignements afin de conduire les autres êtres sensibles à une réalisation semblable à la sienne, puisque tous disposent du même potentiel.

Parmi ces êtres, celui qui réalise la vérité de sa propre nature bouddhique et décide néanmoins de reprendre forme comme être sensible pour aider les autres à comprendre l'enseignement d'un bouddha est appelé *bodhisattva* [1].

Un *bodhisattva* peut avoir atteint le même degré de réalisation qu'un bouddha, tel Padmasambhava, ou bien il peut encore se trouver à un niveau moins élevé sur le chemin de la réalisation. Toutefois,

1. *Bodhisattva* signifie : « homme à l'esprit compatissant ».

historiquement parlant, les bouddhas et les *bodhisattvas* ont des rôles différents : un bouddha commence un cycle d'enseignements, et un *bodhisattva* en prolonge l'action en propageant ces enseignements dans des modes, des temps et des règnes divers.

En regardant les autres religions d'un point de vue bouddhiste, on pourrait définir le Christ comme un bouddha, puisqu'il est venu sous forme humaine et donna naissance à un nouveau cycle d'enseignements destinés à permettre aux gens de réaliser la vérité, et les saints comme autant de *bodhisattvas* qui firent avancer son cycle d'enseignements.

Le jaïnisme, une des plus anciennes religions de l'Inde, tire son nom de Jaïna, « le Victorieux », comme on appelait Mahavira. Celui-ci vécut plus ou moins à la même période que le Bouddha Sakyamouni, et il avait le même niveau de réalisation. Il fut le dernier d'une lignée de prophètes, desquels il hérita un corpus d'enseignements basés sur l'*ahimsa*, la non-violence, et il organisa ce corpus en une religion à laquelle on donna son nom. Lui aussi peut être considéré comme un bouddha.

Selon notre tradition, on appelle *Dharma* le corpus entier des enseignements d'un bouddha ; on parle aussi de la Roue du *Dharma*, puisqu'il s'agit d'un enseignement cyclique. L'histoire se souvient de nombreux bouddhas, et nous en connaissons encore les enseignements ; mais trois d'entre eux sont presque une légende car leurs enseignements ont disparu avec eux. Leur *Dharma* s'adressait à des humanités antérieures.

Ainsi, le Bouddha Sakyamouni est le quatrième, selon notre tradition, et l'on attend la venue de mille autres bouddhas !

Si, selon le bouddhisme tibétain, un nouveau bouddha n'apparaît que lorsque le cycle d'enseignements précédent est parvenu à son terme, peut-être vous demanderez-vous pourquoi Jésus s'est présenté seulement cinq cents ans après le Bouddha Sakyamouni, c'est-à-dire alors que le système d'éducation spirituelle de celui-ci était encore actif. En réalité, Jésus n'est pas venu remplacer les enseignements du Bouddha, mais il a donné naissance à un nouveau « système éducatif », capable de mener de nombreuses autres personnes à la réalisation.

Puisque les enseignements du Bouddha Sakyamouni sont encore disponibles aujourd'hui, ce qui sert pour évoluer à l'heure actuelle est la présence et l'aide d'êtres compatissants qui assument volontairement un corps dans ce monde. S'ils viennent à enseigner selon le système du Bouddha Sakyamouni (c'est-à-dire en rendant ces enseignements plus évidents, plus manifestes), ils sont une manifestation de la compassion du Bouddha, et nous les appelons *bodhisattvas* ; en revanche, s'ils viennent au monde pour enseigner sur la base de l'enseignement du Christ (et s'ils rendent ce système plus évident, plus manifeste), on les appelle saints et ils sont une manifestation de l'esprit compatissant du Christ.

On rencontre des êtres de cette trempe dans toutes les traditions du monde : l'hindouisme possède ses *avataras* et ses *mahavataras*.

Au Tibet, nous avons nos méthodes pour savoir si un enfant est un *bodhisattva*, car ceux-ci laissent toujours des instructions très claires à leurs disciples avant de mourir, afin de pouvoir être retrouvés rapidement, ce qui favorise leur action dans le monde. Le Karmapa pouvait dire avec exactitude quand et où il allait renaître. De la même façon, il y a des signes particuliers indiquant qu'un de ces êtres apparaît dans le monde. Les Tibétains ont appris à prêter une grande attention à ces signes ; par exemple, si les eaux d'une rivière changent de couleur, si des arcs-en-ciel apparaissent à l'improviste, s'il y a une éclosion inattendue de fleurs en des endroits où il n'y en a pas d'habitude, ainsi que de visions, ou si de l'eau – ou encore du lait – s'écoule avec une abondance exceptionnelle du sein de la mère au moment de la naissance de l'enfant.

Traditionnellement, certains de ces signes se manifestent aussi avant la conception : il peut s'agir de certaines visions, de sons particuliers entendus par la mère, d'une lumière spéciale qu'elle reçoit. Il peut arriver que la mère reçoive un *vajra*[1] d'or

1. Objet métallique symbolisant la foudre.

dans une vision : cette vision est alors un « songe » non onirique, qui se produit tôt le matin, vers trois ou quatre heures. Il y a d'autres signes qui se manifestent, ceux-là, chez l'enfant : plusieurs réincarnations du Karmapa étaient immédiatement en mesure de s'asseoir et de parler, et ceci quelques heures après leur naissance. Leur esprit est immédiatement très clair, ils se rappellent toutes choses, et ceci signifie qu'ils sont passés au travers de l'état du *bardo*, c'est-à-dire l'état hallucinatoire entre une mort et la vie suivante, en demeurant parfaitement conscients. Cela leur permet de reprendre leur mission là où ils avaient dû la quitter dans la vie précédente et de la développer encore plus. Avec le temps, peu à peu, ils deviennent de plus en plus semblables aux autres enfants mais, de temps en temps, il arrive que ce qu'ils sont vraiment se manifeste par des réponses ou des actions particulièrement sages.

Il est de plus en plus fréquent que ces êtres annoncent qu'ils se réincarneront loin du Tibet : Chögyam Trungpa, qui nous a quittés en 1986 ou 1987, par exemple, a dit qu'il se réincarnerait au Japon et deviendrait un scientifique, afin d'apporter des bienfaits aux êtres sensibles à travers une telle activité. Mais il a aussi laissé à ses disciples des instructions pour qu'ils ne recherchent pas sa prochaine incarnation, et ceux-ci continuent de respecter sa volonté. Il était évident qu'il ne deviendrait pas moine bouddhiste et qu'il avait décidé de changer le cours traditionnel des choses.

La même chose se produit avec Sa Sainteté le XIVe dalaï-lama : lorsqu'il déclare être le dernier dalaï-lama, je ne pense pas qu'il entende par là qu'il ne se réincarnera plus pour aider les êtres sensibles, mais que, simplement, il ne reviendra plus en tant que dalaï-lama du Tibet, comme c'est aujourd'hui le cas. De cette façon, si à sa mort le Tibet est encore sous la domination chinoise, il garantit dès maintenant que personne ne se verra contraint par les autorités chinoises à devenir « leur » dalaï-lama et à agir ainsi qu'elles le désirent.

C'est durant les années soixante et soixante-dix que le dalaï-lama présenta officiellement cet argument aux Tibétains et la plupart d'entre nous en furent bouleversés : nous ne pouvions pas saisir le but d'une telle décision. Mais aujourd'hui, nous pouvons en comprendre la raison à cause de ce qui est en train de se passer avec la nouvelle incarnation du Karmapa. À ce propos, de plus amples informations sont fournies dans cet ouvrage, au chapitre « K comme Karmapa ».

Nombreux sont, disais-je, les *bodhisattvas* attendus, et beaucoup sont déjà ici. Malgré les aspects divers qu'ils prennent, chacun d'eux est une émanation d'Avalokiteshvara, l'aspect compatissant des bouddhas. C'est là notre définition, selon notre culture, mais il est évident qu'ils se manifestent dans toutes les cultures et toutes les religions. En ce sens, les bouddhistes sont très ouverts : la vérité se manifeste partout, et il n'y a pas de restrictions.

Cette attitude confère aux bouddhistes une grande liberté de mouvement dans la recherche des enseignements utiles à leur évolution ou dans la poursuite d'actions bénéfiques aux êtres sensibles. Par exemple, beaucoup d'entre eux se rendent à Puttaparthi, dans l'Inde du Sud, au lieu de résidence de Sathya Saï Baba. Les grands hommes sont partout, et même si nous n'allons pas dire officiellement d'eux « *c'est un bodhisattva* », ce qu'ils sont se voit par soi-même, à cause de leur activité compatissante.

Les uniques restrictions concernent certaines situations dangereuses qui pourraient être préjudiciables à certains êtres.

D'autres informations concernent les *bodhisattvas* se trouvent aussi au chapitre « V comme vœux », car chacun de nous peut devenir un *bodhisattva !*

C... comme Créativité

Puisque la pensée est énergie, nous sommes extrêmement puissants : toute la réalité est créée par notre esprit. Mais notre création est une illusion d'une telle importance que, lorsque nous la contemplons, nous sommes en général persuadés qu'elle possède une existence indépendante de nous.

Tout n'existe que parce que nous continuons à créer sans cesse : notre corps, le monde physique, les mondes subtils et l'état entre la mort et la renaissance suivante que nous appelons *bardo*.

Ceci est le point principal qui fait du bouddhisme une philosophie et non une religion, car nous ne croyons pas avoir été créés par quelqu'un d'autre que par notre esprit.

Nous décrivons l'esprit comme étant doué des mêmes attributs que les religions réservent à Dieu, pour autant, bien sûr, que l'on ne parle pas de l'esprit lié à notre personnalité, mais d'un concept de l'esprit beaucoup plus vaste, un esprit qui réside au-delà de l'esprit rationnel, et qui est la vraie nature de toute chose, y compris de l'esprit rationnel lui-même (lequel est limité puisqu'il fait lui-même partie de l'illusion).

C'est pourquoi nous disons que tous les phénomènes ne sont que vacuité. Par là, nous entendons qu'ils ne sont qu'apparence, non dotés d'une existence propre, car ils ne sont que des manifestations de l'esprit.

Aussi, ce que nous appelons « réalité ultime », la réalité qui est au-delà de toutes les illusions, est une grande intelligence compatissante (que nous définissons comme « esprit clair ») qui a toujours été, qui est sous-jacente à toutes ses manifestations, qui connaît toute chose, imprègne toute chose et a le pouvoir de faire toute chose.

Ce sont les trois attributs que les religions réservent à Dieu. Et, naturellement, on pourrait appeler « Dieu » notre concept de l'esprit, si l'on voulait. Il faut cependant se rappeler que le fait d'être partout et d'imprégner toute chose fait que cet esprit (ou, si vous préférez, Dieu) se trouve aussi dans l'homme et dans tous les êtres.

Il n'y a plus qu'à réaliser le fait qu'il se trouve ici-même, et au lieu d'agir avec l'esprit de notre personnalité, nous devrions commencer à agir avec le pur esprit « divin » qui se trouve en chacun de nous. Alors nous ne ferions qu'un avec l'esprit pur (ou, si vous préférez, avec Dieu), réalisant notre nature véritable et profonde, libre de tout conditionnement, et nous irradierions la pure compassion. La clarté et la compassion sont les qualités de l'esprit pur qui est notre nature véritable.

L'intelligence est dépourvue de forme, c'est pourquoi nous disons qu'elle est « vide ». Mais elle peut assumer toutes les formes, et ces formes innombrables sont, par exemple, ce qui constitue notre réalité physique. L'illusion consiste à croire que l'existence de ces formes est indépendante de notre esprit ; c'est pourquoi nous souffrons au lieu d'utiliser notre compassion et notre intelligence pour transformer la réalité.

Les Indiens d'Amazonie disent que le monde est comme nous le rêvons ; à tel point qu'il changera à l'instant même où nous apprendrons à user de notre pouvoir créatif et commencerons à le « rêver » d'une façon différente.

Naturellement, il faudra avoir réalisé un haut degré de compassion ou d'amour inconditionné pour changer le monde en le transformant en quelque chose de meilleur, pour le bien de tous les êtres sensibles et pas seulement en fonction de nos buts propres, ce qui, au contraire, se produit beaucoup trop souvent de nos jours. Nous pouvons en voir les résultats dans ce monde lui-même. Mais il nous faut aussi prendre conscience que nous avons le pouvoir de le changer.

Toute la philosophie bouddhiste amène à prendre conscience du fait que nos limites sont créées par notre esprit. Une fois devenus un avec notre vraie nature, nous n'avons plus de limites et pouvons accomplir toute chose. Heureusement, notre vraie nature est intelligence compatissante, c'est pourquoi aucun mal ne peut être causé par ce pouvoir infini. Ceux qui ont réalisé leur vraie nature, par exemple le Bouddha et Jésus, n'ont fait de mal à personne, car ils étaient non seulement très puissants, mais aussi pleins de compassion.

Il n'est possible de nuire à autrui que si l'on use du pouvoir sans avoir réalisé la vraie nature de son esprit, manquant ainsi de la compassion suffisante et n'agissant que pour notre propre bénéfice. Hitler peut en être un exemple : plutôt puissant, mais totalement dépourvu de compassion. Cependant, dans ce cas, son pouvoir n'était pas complet, et au bout du compte, dans bien des vies peut-être, il compensera son *karma* négatif, se purifiant et réalisant sa nature bouddhique.

Peut-être vous demanderez-vous si le *Dharma* autorise à tuer un homme comme Hitler de façon à éviter aux êtres sensibles un mal terrible ou si, au contraire, on doit le laisser poursuivre, puisqu'il est aussi un être sensible... Bien, il est arrivé historiquement à plusieurs reprises qu'un *bodhisattva* ait décidé, personnellement, d'éliminer une personne très dangereuse, afin d'obtenir deux choses :

1 – éviter à tous les êtres une grande souffrance ;

2 – éviter que l'individu dangereux n'accumule un *karma* encore plus lourd.

C'est pourquoi les *bodhisattvas* ont consciemment

assumé le risque et la responsabilité de leur action, pris sur eux un certain *karma* et éliminé cette personne. Mais il est également vrai que le *bodhisattva* dispose de moyens pour éviter que le *karma* ne soit vraiment négatif, du fait qu'il agit par compassion.

D... comme Déité

Si vous avez lu « D comme Dieu » ou « C comme Créativité », ou si vous avez entendu dire à un lama tibétain que le bouddhisme n'est pas une religion, mais une philosophie, vous vous serez immédiatement demandé pourquoi alors les Tibétains ont-ils tant de déités.

En réalité, il n'y a aucune contradiction, puisque ces déités ne sont pas autre chose que les symboles de nos qualités intérieures, tant les bonnes que les moins bonnes, de sorte que la psychologie tibétaine tout entière, à travers les pratiques, les rites et la méditation, amène à reconnaître ces qualités et à vivre en harmonie avec elles.

Quand nous traverserons le *bardo*, l'état hallucinatoire entre la mort et la renaissance suivante, il est dit que nous devrons affronter chacune d'entre elles. Bien sûr, un Tibétain fabriquera ses hallucinations différemment d'un Occidental, car il est habitué à un certain nombre de symboles, mais ce que verra un Occidental aura le même sens, bien que sous une forme ou une apparence différente. Le fait est que le Tibétain s'entraîne toute sa vie dans le but de parvenir à reconnaître de tels symboles, même dans le *bardo*, comme étant des créations de son propre esprit.

Toutes les données dont nous disposons concernant le *bardo* ont été récoltées avec l'aide de ceux qui l'ont traversé sans perdre la mémoire au moment de renaître [1], mais aussi de ceux qui sont en mesure d'étendre leur conscience en quittant leur corps physique [2], faisant ainsi l'expérience d'états plus subtils. Tous les enseignements et toutes les instructions de notre tradition sont nés de l'expérience directe de quelqu'un et, naturellement, plus ce quelqu'un a eu une haute réalisation, plus ses expériences ont été extraordinaires et plus ses enseignements le sont aussi.

Dans les textes relatifs au *bardo* nous trouvons des informations générales, bien que l'expérience individuelle soit toujours un peu différente, selon le niveau de réalisation et selon les habitudes culturelles propres à chacun.

Les Tibétains étaient culturellement prêts à recevoir des initiations ou des enseignements par le biais de ces symboles que nous appelons déités ; aussi ces enseignements furent-ils largement

---

1. Voir « T comme Tulkou ».
2. Voir « P comme Pouvoirs ».

diffusés. Ici aussi, en Occident, les lamas ont commencé à les offrir à un vaste public, mais on a découvert par la suite qu'il en découlait une grande confusion. Car les Occidentaux ne sont pas préparés culturellement à saisir les symboles sous les formes que nous utilisons, au point que certains finissent par se croire polythéistes.

La même chose est arrivée lorsque les Occidentaux ont abordé l'hindouisme : ils ont pensé qu'il s'agissait d'une religion polythéiste, mais en réalité tout hindou est parfaitement conscient que toutes les prétendues déités ne sont pas autre chose que les diverses manifestations de Brahma. Tout cela n'est pas très différent de la Trinité chrétienne, puisque ses trois aspects sont une unité. Durant nos pratiques nous avons l'habitude de visualiser un *mandala*[1] comme s'il était le palais d'une ou plusieurs déités : cela n'est qu'une autre forme de connaissance de soi puisque le *mandala* est un symbole de nous-même ou d'une partie de nous-même, et que c'est en lui que nous entrons.

Beaucoup des déités de notre panthéon ne sont que des symboles ou qualités de chacun de nous, et pour cette raison, certaines ont un aspect courroucé. Si nous apprenons à les affronter sans peur durant la vie, nous n'aurons aucune crainte durant

1. Voir « M comme Mandala ».

le *bardo*. Ainsi notre esprit ne perdra-t-il pas sa lucidité à cause de la peur.

Certaines de ces déités sont de grands êtres qui vinrent au monde historiquement sous forme humaine, et qui incarnent particulièrement bien certaines qualités. Ces déités sont en réalité des émanations de certains grands *bodhisattvas*[1].

Dans ce second groupe, on trouve Padmasambhava, le maître indien qui introduisit le bouddhisme au Tibet au VIIe siècle et qui, depuis lors, est devenu un symbole de la compassion.

La partie rituelle du bouddhisme directement liée au *tantra*[2] est celle qui ressemble le plus à une religion car, dès le départ, on enseigne à l'étudiant à visualiser ses qualités sous la forme de déités extérieures, comme si elles étaient dotées d'une existence propre et indépendante. L'aspect tantrique du bouddhisme est aussi fait pour exercer nos qualités de foi, de confiance, etc, et c'est cela qui confère un aspect quasi religieux aux pratiques tantriques.

Les quatre écoles tibétaines du bouddhisme ont, d'une manière ou d'une autre, développé cet aspect tantrique, sur la base du concept que nous ne devons pas combattre nos caractéristiques ou les situations dans lesquelles nous nous trouvons, mais

---

1. Voir « B comme Bodhisattva ».
2. Enseignements du Bouddha sur la façon d'utiliser l'énergie en vue de la réalisation de la bouddhéité.

bien plutôt les transformer en quelque chose de positif et d'utile à tous les êtres sensibles.

En réalité, durant les pratiques, les méditations et les rites dédiés au terrifiant Mahakala ou à d'autres déités semblables, il n'arrive rien de dangereux ni de vraiment effrayant, à part les représentations picturales de Mahakala. Pour pouvoir se faire une idée sur la façon dont ces pratiques fonctionnent, il faut y penser comme à ce que vous appelleriez un psychodrame, c'est-à-dire une thérapie au cours de laquelle il vous faut jouer un rôle déterminé afin de transformer certains blocages psychologiques qui s'en trouveront ainsi guéris.

Mais celui qui ne comprend pas comment fonctionnent les pratiques tantriques se limite à voir une figure terrifiante et cela le remplit de peur parce qu'il s'imagine que les choses les plus terribles peuvent se produire dans une cérémonie de ce genre. Naturellement, s'il vous arrive de visiter, dans un temple, le lieu réservé à Mahakala, la chose pourra vous effrayer un peu, comme si vous entriez dans un studio cinématographique de Hollywood et que vous vous retrouviez, sans savoir qu'il s'agit d'un plateau, dans un décor dressé pour un psychodrame dans lequel un acteur devra jouer un rôle destiné à faire peur.

Le grand yogi Milarepa a, lui aussi, une place spéciale parmi les déités qui ont une origine historique, parce qu'il a vraiment vécu et fut en mesure, en une seule vie, de se convertir lui-même, d'un personnage extrêmement égoïste et cruel en un *bodhisattva*. Tara est une autre déité assez connue des bouddhistes occidentaux, mais il existe deux versions concernant son origine ; selon les uns, il s'agit d'une personne ayant réellement existé, née d'une mère humaine, et dotée d'une telle générosité qu'elle réussit à devenir un *bodhisattva* ; selon l'autre version, il s'agit simplement d'une émanation de la générosité de la parfaite nature bouddhique, qui se créa elle-même un corps humain dans le but de s'incarner dans ce monde et de venir en aide aux êtres sensibles.

Il est évident que l'esprit absolument libre de tout conditionnement peut créer n'importe quel genre de forme afin de se manifester. Cet esprit parfait peut choisir d'avoir quand même une mère humaine, afin d'être plus facilement accepté par les gens que ce grand être désire aider ; mais il est clair qu'en réalité celui-ci n'a aucun besoin de naître comme les êtres humains. Il suffit de voir l'histoire de Jésus : il fut conçu directement dans le corps de sa mère, une femme humaine, sans l'intervention d'un père humain ; mais lorsqu'il voulut se manifester dans un corps après la mort, il parvint à le faire facilement sans aucune autre aide afin que Thomas puisse le toucher.

Le prince Siddharta eut aussi une mère humaine, mais sa conception et sa naissance furent très particulières et quand il se rendit compte de sa vraie nature, devenant le Bouddha Sakyamouni, il put se manifester en des milliers de mondes différents, prenant dans chaque règne la forme la plus adaptée.

En Inde et au Tibet, nombreux sont les maîtres « autocréés », et l'on parle de Hairakan Baba, connu aussi comme Babaji, ou de Padmasambhava lui-même, qui est décrit comme « non né d'une mère humaine », sans lieu ou date de naissance. Il se rendit au Tibet, venant d'Inde, enseigna le *Dharma* et repartit en Inde, mais c'est comme si, en réalité, il n'était jamais venu d'Inde et jamais reparti ; en fait, toutes les connaissances historiques que nous possédons se limitent à son séjour au Tibet. En Inde, il n'existe aucun signe de son existence.

Il advient presque toujours qu'un être de ce genre prenne un corps pour le temps qui lui est utile, après quoi le corps disparaît dès qu'une telle manifestation cesse d'être nécessaire.

Tout à fait comme Jésus pour les chrétiens, Padmasambhava est considéré comme toujours présent, mais de façon incorporelle, si bien que nous pouvons, de façon courante, lui demander aide et assistance pour notre évolution.

D... comme Deva

Le Bouddha a enseigné qu'il existe six différents règnes d'êtres, et parmi ceux-ci, seuls deux (les humains et les animaux) se développent sur un plan physique et matériel. Parmi les autres, on trouve les *devas* qui sont considérés comme des êtres immatériels hautement développés, ceux-là mêmes que les Occidentaux appellent des anges.

Leur monde vibre à un taux plus élevé que le nôtre, si bien que la plupart des humains sont incapables de les voir et ne savent pas comment communiquer avec eux. C'est pourquoi les religions ont développé un système de rites ou de prières pour pouvoir le faire.

Les *devas* peuvent aussi être plus ou moins développés, comme par exemple les anges ou les petits *devas* locaux qui prennent soin des plantes, des bois, de la campagne, et dont on se souvient encore dans les traditions occidentales sous des noms divers tels qu'elfes, fées etc. Les mythologies celtique et grecque conservent encore les signes de cette connaissance, laquelle est encore vive et consistante en Orient.

Nous n'ignorons pas leur existence et nous respectons leurs fonctions, ainsi lorsque nous voulons faire quelque chose en un lieu donné, comme par exemple construire une maison ou organiser une retraite, nous demandons toujours leur permission.

Comme de nombreux êtres humains sont incapables de les voir et de communiquer avec eux, nous avons développé des rites qui permettent à tous de savoir s'ils sont d'accord ou non. De notre point de vue, par exemple, une parcelle de terre peut certes nous appartenir, du fait que nous l'avons achetée ou héritée de nos parents, mais de leur point de vue la terre n'appartient qu'à la planète et ils sont les gardiens locaux de cette parcelle.

Sans leur permission il ne peut y avoir d'harmonie ; il importe que tous les règnes soient également respectés lorsque nous agissons.

D'une façon générale, tout le monde peut procéder comme nous le faisons : nous commençons par leur offrir quelque chose qui les rendra contents, afin de nous sentir en harmonie avec eux, comme des fleurs, de l'encens, et quelques petites choses de ce genre ; puis nous lisons un texte qui dit que notre offrande est symbolique et nous visualisons alors toutes les bonnes choses, les objets de valeur, une nourriture abondante, etc. Par exemple, nous pouvons offrir une petite pierre et la visualiser comme un diamant précieux. Ce qu'ils reçoivent, c'est le sentiment que nous mettons dans notre offrande.

La raison pour laquelle nous incluons une visualisation lors de l'offrande de ces choses est qu'il s'agit là d'une façon de développer rapidement en nous l'attitude du don. Ce que les *devas* reçoivent en réalité, c'est seulement notre attitude, et non pas les choses que nous offrons. Plus notre visualisation est stable et claire, plus notre attitude de don est stable et claire, et plus le *deva* sera certain de nos bonnes intentions et se sentira satisfait et heureux de nous aider dans notre projet.

Nous demandons ensuite aux *devas* qui vivent dans cette zone déterminée la permission d'utiliser la terre à nos fins. L'attitude correcte ne sera certes pas celle de celui qui voudrait acheter leur consentement, mais plutôt celle de souhaiter sincèrement que nos propres actions soient en harmonie avec tous les êtres.

Beaucoup d'entre nous ne sont pas suffisamment sensibles pour saisir la réponse des *devas*, c'est pourquoi nous les visualisons en train d'approuver, tenant pour acquis que, s'il n'y a aucune réaction négative dans un court laps de temps, la permission a été accordée et l'on peut poursuivre.

Ceci rappelle un peu la tradition des Indiens d'Amérique, lesquels devaient tuer les animaux pour survivre, mais ne le faisaient qu'après en avoir requis leur permission. Nous croyons que cette attitude devrait être maintenue dans les rapports entre toutes les classes d'êtres.

On peut supposer que la réaction est négative, par exemple, lorsque les choses deviennent inharmonieuses, lorsque quelque chose commence à aller de travers dans le domaine de la santé ou dans la réalisation de notre projet, ou bien encore dans le domaine relationnel.

De toute façon, si nous nous comportons d'habitude poliment et demandons la permission, il n'y a pas de réactions mauvaises, et les *devas*, tout aussi poliment, accordent leur permission. C'est un peu comme lorsqu'on déménage pour aller habiter un autre village : c'est une très bonne chose de se présenter à ses nouveaux voisins, afin que ceux-ci comprennent qu'on est bien élevé. Cela favorisera sûrement l'harmonie.

S'il nous arrivait de percevoir des réactions négatives de la part des *devas*, on prierait plus, on ferait plus d'offrandes, de façon à les rassurer sur ce que nous sommes, tout comme on le ferait avec un voisin soupçonneux dans le nouveau village.

Après quoi, nous demanderons de nouveau la permission de construire aux *devas* locaux, et ceci est presque toujours suffisant.

Face à une réaction agressive des *devas*, des animaux, des humains ou de quelque autre règne, le Bouddha a enseigné à réagir toujours de la même façon : prier encore pour le bien de ces êtres, les aimer plus encore, leur souhaiter de prendre conscience du fait que leur attitude dualiste et antagoniste n'est rien d'autre qu'une illusion. Il n'a pas enseigné à forcer une situation et encore moins qui que ce soit, ni à user de violence.

D... comme Dieu

On dit souvent que le bouddhisme est une philosophie, et non une religion. Cette définition est correcte si l'on considère la religion comme un système d'enseignements fondés sur un concept de divinité (le Créateur) extérieure à l'homme et à la création elle-même.

Ainsi tout dépend de l'idée que l'on a de Dieu. Les mystiques qui considèrent Dieu comme la nature profonde de l'homme, ou bien comme un Dieu intérieur, ceux qui voient Dieu en toutes les créatures, sont plutôt proches de notre position, puisque pour les bouddhistes :

– la nature du Bouddha est la vraie nature de tous les êtres sensibles. Nous ne le réalisons pas immédiatement à cause de l'ignorance et des émotions qui sont comme des nuages occultant le soleil. Mais cela ne veut pas pour autant dire que le soleil s'arrête de briller ;

– tout ce que nous percevons comme réel (les choses, les émotions, notre propre corps, le monde tout entier) est créé par notre esprit, à cause de la nature bouddhique de ce même esprit. Ceci signifie que toutes ces choses n'ont pas d'existence propre ni indépendante, mais indique aussi l'importance des obscurcissements et des nuées qui recouvrent notre esprit, ainsi que l'ignorance où nous sommes en ce qui concerne notre propre nature. Comme notre conscience est réduite, tout ce que nous créons est limité et imparfait, car l'attachement et l'ignorance sont caractéristiques de nos créations.

Mais heureusement, ceux qui ont pu réaliser tout cela et devenir un avec la vraie nature de tous les êtres sensibles sont aussi devenus un avec les principales qualités de cette vraie nature de tout ce qui vit, c'est-à-dire lumière (sagesse) et compassion (amour inconditionné). C'est pourquoi ils s'occupent de nous, nous enseignant à détruire cette illusion pleine de souffrance que nous créons nous-mêmes... On trouvera, dans cet ouvrage, de plus amples informations au chapitre « B comme Bodhisattva ».

E... comme Écharpes et Prosternations

Parmi les choses que les Tibétains ont l'habitude de faire et qui laissent les Occidentaux interdits, il y a leur comportement devant le lama.

Souvent nous lui offrons une écharpe blanche qu'il nous rend immédiatement ; nous nous inclinons ou nous nous prosternons.

La tradition de l'écharpe blanche est très ancienne et vient de Chine ; naturellement, cela a une valeur symbolique, puisqu'en soi il ne s'agit que d'un petit morceau d'étoffe bon marché, comme du coton. Il y en a aussi en soie, mais cela n'est pas vraiment nécessaire. La couleur blanche de l'écharpe, l'étoffe (le coton ou la soie) et le fait d'être tissé d'une pièce indiquent quelque chose de pur, de simple et d'unique. L'unique, ou le un, se réfère à la totalité, à l'unité complète, comme à toute chose. Un tissu tout d'une pièce veut dire aussi inaltéré, qui n'a subi aucun changement, originellement pur.

D'une certaine façon nous offrons notre vraie nature et nous voulons dire ainsi que notre esprit est un avec celui du lama, et que tous les deux sont un avec l'esprit du Bouddha et de tous les êtres sensibles. Ce qui signifie aussi que notre motivation, lorsque nous recevons des enseignements, des initiations ou une bénédiction du lama, est vraiment pure.

Le fait que le lama rende tout de suite l'écharpe remonte à une époque plutôt récente ; probablement, dans le passé, la gardait-il et la restituait-il, elle ou un autre objet, en même temps qu'il donnait des enseignements. Mais, en dernier ressort, toute cette manière de donner et de restituer autre chose n'était autre qu'une circulation des mêmes écharpes. Puisque c'est le geste qui importe et non pas l'écharpe en elle-même, maintenant le lama rend l'écharpe directement, ce qui ne veut pas dire qu'elle ne lui plaît pas. D'habitude il l'endosse un bref instant et cela symbolise que votre don est le bienvenu, et, de cette façon, que celui qui donne et que celui qui reçoit sont un. La restitution est à la fois un symbole de détachement et une forme de bénédiction.

En outre, devant un lama, on s'incline. C'est un signe de respect, non de servilité, puisque nous croyons que tous les êtres ont la même nature profonde. Nous ne croyons donc pas que, dans l'absolu, certains soient meilleurs que d'autres.

Une prosternation, au contraire, revêt différentes

valeurs symboliques : en premier lieu elle permet d'indiquer que votre motivation à recevoir des enseignements est pure. Elle signifie : « Ce n'est pas seulement pour moi que je les reçois, mais pour le bien de tous les êtres. » En réalité plus on reçoit d'enseignements, plus on est censé réussir à développer la compassion.

En second lieu, la prosternation montre que vous respectez la qualité des enseignements que vous allez recevoir, car il s'agit des enseignements du Bouddha ; et, en dernière analyse, vous vous prosternez devant la nature de bouddha du lama : tous les êtres ont cette même nature de bouddha, et s'incliner ou se prosterner veut dire que vous vous rappelez que le maître l'a aussi et que vous reconnaissez tous les efforts qu'il fait pour réaliser la même chose en vous. Les prosternations indiquent que vous reconnaissez la connaissance qu'il a rassemblée, sa recherche personnelle, et le fait qu'il est suffisamment compatissant pour partager promptement avec vous ce qu'il a réalisé.

Même s'il n'a pas réalisé sa vraie nature de bouddha, vous reconnaissez qu'il vous a, pour le moins, montré la voie vers la vérité.

En tout cas, les prosternations ne sont jamais obligatoires : ou bien elles viennent spontanément, ou bien pas du tout.

E... comme Éduquer

Les enseignements du Bouddha peuvent facilement s'appliquer à l'éducation des enfants, car ils sont tellement universels qu'il est impossible de penser qu'ils n'appartiennent qu'à la culture bouddhiste.

La plupart des parents occidentaux sont quelque peu confus face au thème de l'éducation des enfants, se demandant s'il convient d'être sévère ou non, si les fessées et les cris sont ou non acceptables lorsque les enfants deviennent agressifs, etc. Leurs enfants semblent être plus nerveux, réclament bien plus de choses et une plus grande attention que par le passé, et les journaux sont remplis d'horribles nouvelles qui parlent de *baby-killers*, de petits revendeurs de drogue, eux-mêmes toxico-dépendants.

Eh bien, les Tibétains sont connus pour être particulièrement sévères avec les enfants, et j'ai moi-même été élevé par le Karmapa, mon oncle, qui avait une stricte discipline personnelle. Aussi m'a-t-il élevé de cette manière. J'ai découvert plus tard que cette discipline qu'il m'avait imposée m'était extrêmement utile dans la vie, tout comme ses enseignements du *Dharma*. Ce sont les enseignements que j'ai reçus de lui qui ont développé en moi mes qualités, mais ce fut sa discipline qui les a rendues solides. Je me souviens qu'il me grondait, il lui arrivait parfois de me donner une claque, mais il s'assurait toujours que j'avais compris exactement pourquoi.

Il prenait toujours le plus grand soin de faire comprendre la raison de sa discipline, et bien que sur le moment nous n'ayons pas été très enthousiastes, nous acceptions aussi de reconnaître nos erreurs. Cette combinaison de discipline et d'explications nous rendait conscients du fait que les causes du malheur n'étaient pas dans la discipline elle-même, mais dans nos actions mauvaises. Ainsi, peu à peu, nous avons commencé à comprendre que bonheur et malheur ont leurs racines en nous-mêmes. Et cela est l'un des principaux enseignements du Bouddha.

Nous comprenons maintenant la raison de sa sévérité : sa discipline nous a rendus forts, et nous avons développé peu à peu une stabilité de caractère libre de toutes les oscillations de l'esprit émotionnel qui, d'un côté, fatiguent l'homme et de l'autre rendent ses actions, quelles qu'elles soient, vraiment moins efficaces ; en particulier lorsqu'il s'agit d'affronter une situation difficile. On pourrait penser que ceci n'est pas le fruit de sa discipline, mais plutôt du genre de vie que nous avons dû mener, loin de chez nous, exilés du Tibet ; mais je peux observer aujourd'hui que les membres de ma famille, plus jeunes que moi et qui ont cependant reçu le même type d'éducation sévère bien que dans des conditions de vie beaucoup plus faciles, ne sont pas différents de nous : ils sont stables, solides, et l'on peut compter sur eux en cas de difficulté.

Mais je ne pense pas que le principal soit de discuter si les parents doivent se montrer plus ou moins sévères. Si vous êtes sévère, que vos enfants ne vous écoutent pas et que vous vous mettiez à hurler, ceci a-t-il un sens si vous n'êtes pas capable de leur expliquer pourquoi ils ne devraient pas faire telle ou telle chose ? C'est de là que provient la souffrance.

En outre vous ne pouvez pas vous attendre à de la discipline de la part des enfants si vous n'êtes pas discipliné vous-même.

Si, lorsqu'ils sont petits, ils obtiennent tout ce qu'ils veulent, durant l'adolescence ils éprouveront une grande confusion, car ils auront quantité de choix à faire ; ils seront hypnotisés par l'immense variété de leurs propres perceptions. Les adolescents se sentent pleins d'énergie, capables de faire la conquête de tout ce qu'ils veulent, de décider de tout, mais s'ils n'ont pas quelqu'un à côté d'eux pour leur apprendre à être forts et à se comporter correctement, s'ils ne sont pas suffisamment guidés quand ils cherchent à prendre leurs propres décisions, peu à peu ils disperseront leur énergie et se ramolliront beaucoup. S'ils ne sont pas disciplinés, il sera difficile pour eux de suivre une voie déterminée, après l'avoir choisie : et nous aurons une génération d'éternels adolescents, manquant de sécurité, instables et en proie à de continuelles oscillations émotionnelles.

La discipline n'est pas facile à respecter pour un enfant ; c'est pourquoi si vous l'entraînez un peu à affronter cette chose si difficile pour lui, il lui sera plus aisé de faire front à toutes les autres difficultés, à toutes les autres situations épineuses quand il sera plus grand. Ce sera un jeune plein d'énergie, comme c'est le cas de tous les jeunes gens, mais il aura aussi la capacité de ne pas se laisser abattre par des émotions comme la tristesse et la peur. Ceux qui se sentiront submergés par ces sortes d'émotions, sans savoir que la souffrance aussi bien que le bonheur proviennent seulement d'eux-mêmes, ceux-là chercheront désespérément une solution à l'extérieur : mais ces solutions sont négatives.

Ainsi, soyez fermes avec vos enfants : si vous avez besoin de les gronder, faites-le ; mais soyez vous-mêmes disciplinés et ne permettez pas aux émotions de vous renverser.

Vous devez manifester la colère quand c'est nécessaire, mais sans être irrité. Et expliquez-leur toujours *pourquoi* ce qu'ils ont fait n'est pas correct et que c'est *la raison* pour laquelle ils sont malheureux : ce n'est pas dû à votre réprimande, mais bien du fait de s'être mal comportés, causant ainsi l'apparition de votre réprimande.

E... comme Émotions

Nous sommes tous concernés par les émotions : certaines choses nous plaisent et d'autres non, de même pour les personnes et les situations ; et quand elles nous déplaisent, nous pensons habituellement que la cause de notre souffrance vient de l'extérieur, de la situation ou de la personne elle-même. À partir de quoi nous cherchons à changer ce que nous croyons être la cause externe de notre souffrance. Or, ce faisant, nous obtenons généralement encore plus de souffrance, plus d'ennemis, etc. Et, en nous, la rage ne fait qu'augmenter.

Tout cela signifie que si nous voulons réduire la souffrance nous ne devons pas nous lancer à la recherche d'une cause externe, car, en réalité, la cause se trouve à l'intérieur de nous. Si nous faisons ainsi, alors nous pourrons vaincre la souffrance.

D'habitude, en Occident, les émotions sont grandement appréciées, et les gens ne comprennent jamais pourquoi on devrait s'en libérer ; cette civilisation fait tout son possible pour rendre toute chose excitante, et ce qui est excitant est très intéressant : mais si vous vous laissez complètement impliquer cela le devient beaucoup moins, comme lorsque vous allez voir un film d'horreur. Si vous n'êtes pas capable de regarder le film en vous maintenant en retrait de l'histoire, ça vous mettra sens dessus dessous et déclenchera ainsi votre faculté de produire des émotions, si bien que vous expérimenterez la peur. En outre, quand l'événement « électrifiant » sera fini, vous serez un peu déçu et vous en chercherez un autre, et il en sera ainsi pendant toute votre vie, toujours pris entre l'attente de quelque chose et la déception, entre des satisfactions passagères et de plus longues périodes de frustration.

Le fait de ne pas être complètement impliqué dans ce qui arrive ne signifie pas demeurer froid, indifférent ou triste : il y a une énorme différence entre l'indifférence et le détachement. La différence la plus importante entre les deux est la compassion, car lorsque votre esprit est calme, c'est cet aspect de votre vraie nature qui se manifeste. Prenons l'exemple du médecin : s'il laisse les émotions le guider, il n'aura pas le mental suffisamment clair et son efficacité sera très limitée ; probablement le patient en subira-t-il les conséquences. Mais si au lieu du détachement le médecin devait cultiver l'indifférence, alors, en fait, il ne s'occuperait pas vraiment du patient et encore une fois celui-ci y laisserait-il probablement des plumes.

On a l'habitude de diviser les émotions en positives (quand quelque chose nous plaît) et négatives (quand quelque chose nous déplaît), mais il serait bon de reconnaître qu'il s'agit là d'un point de vue tout à fait relatif ; en réalité les émotions ne sont ni positives ni négatives ; c'est exactement comme l'argent : tout dépend de l'usage que nous en faisons.

La réalité est telle que, en général, ce n'est pas vous qui utilisez les émotions, mais bien les émotions qui vous utilisent, à tel point qu'en découlent une grande souffrance et une grande agitation. Pour renverser la situation, il vous faut apprendre à les gérer : alors elles cesseront de se servir de votre mental et ce sera vous qui commencerez à vous en servir ; ce qui sera bien mieux... Votre esprit deviendra plus stable et la souffrance diminuera.

Et maintenant, comment apprendre à le faire ?

En premier, voyons ce qu'on entend par « stabilité de l'esprit », afin de savoir quoi chercher.

L'esprit est stable lorsqu'il n'est pas distrait par ce qui arrive autour de nous : ce qui ne signifie pas être concentré au point de ne pas voir ce qui arrive, mais que ce qui arrive ne nous dérange plus. Un esprit calme n'est pas un esprit somnolent et léthargique, mais un esprit exceptionnellement conscient, clair et plein d'énergie. Quand l'eau est claire on peut voir la nature du fond de l'étang, et quand l'esprit est clair on peut voir sa vraie nature. Votre aspect compatissant devient visible et peut agir à travers vous.

Voyons donc quelques suggestions simples pour transformer les émotions négatives lorsqu'elles se présentent.

Tout d'abord ne vous attendez pas à réussir immédiatement : il y faudra beaucoup de répétitions et un renforcement certain de cette nouvelle attitude.

La nouvelle attitude à cultiver consiste en peu de points essentiels :

1 – cessez de croire que la cause de vos émotions négatives est extérieure à vous ; elle est uniquement en vous-même. Vous pensez qu'Untel vous a mis en colère, mais en réalité il n'en est pas ainsi ;

2 – cherchez la cause intérieure de vos émotions négatives : pourquoi telle personne vous déplaît-elle ? Se peut-il que, parmi ses réactions, il en soit une qui ne provienne pas de l'ignorance ? (Ignorance ne veut pas dire stupidité. Cela signifie que quelqu'un peut, à la fois, être très intelligent mais ne pas savoir d'où proviennent ses émotions et ne pas savoir les gérer) ;

3 – demandez-vous si l'ignorance de cette personne est tellement différente de la vôtre : vous verrez que, tous les deux, vous souffrez des mêmes obscurcissements.

Tout cela calmera votre état émotif, vous rendant plus prompt à la compréhension ; au lieu de continuer à discuter, cherchant à convaincre l'autre de la justesse de votre point de vue, augmentant d'autant votre colère, vous approcherez d'un autre niveau, d'où les solutions peuvent être trouvées.

Être compréhensif c'est se mettre à la place de son adversaire.

La compréhension n'entraîne pas que vous deviez approuver complètement ce que fait l'autre, sa façon d'agir, mais signifie simplement que vous comprenez comment fonctionne son esprit individuel, car vous avez commencé à analyser le vôtre.

Cela vous amènera à accepter provisoirement la position de l'autre, et même à tolérer son erreur, s'il veut s'y maintenir, dans la mesure où cette erreur lui apprendra quelque chose.

E... comme Équanimité

La vie de chacun de nous est plus ou moins conditionnée par notre *karma* passé et par notre ignorance présente, et nous devrions toujours nous en souvenir quand nous sommes tentés de juger les autres et nous-mêmes.

Habituellement, même quand nous acceptons le principe d'agir pour le bien de tous les êtres sensibles, nous faisons encore la différence entre un ami et un ennemi de telle sorte que nous préférons faire le bien du premier plutôt que celui du second. Cela signifie que notre équanimité est encore en sommeil.

Si nous nous rendons compte qu'il n'y a pas de différence réelle entre notre ennemi et notre ami, ou entre notre ennemi et nous-mêmes, alors nous cessons de détester notre ennemi et lentement il deviendra naturel d'agir pour son bien comme nous agirions pour le bien d'un ami.

Cela ne signifie pas que je sois d'accord avec les actions de n'importe qui, en ce sens qu'il y aura toujours des actions que je ne saurais approuver, mais cela signifie qu'à l'aversion je peux substituer la compassion et l'amour inconditionné. Cela ne veut pas dire que j'irai faire un baiser à celui qui me persécute, car il me tuerait probablement, mais que je prierai pour lui afin qu'il se libère rapidement de ses obscurcissements, qui l'empêchent de réaliser sa nature parfaite, laquelle est sagesse et compassion. Les prières ne sont pas seulement des mots : les pensées constituent une énergie et elles peuvent beaucoup l'aider à changer[1].

Ceci est un exemple de la façon dont fonctionne l'équanimité.

Le Christ expliqua très clairement quel était le pouvoir du pardon, que le pardon ne pouvait être complet si nous n'étions pas capables de traiter un ennemi comme un ami. Quand il dit que nous ne pouvons pas entrer dans le royaume des cieux si nous n'avons pas pardonné à notre ennemi, cette phrase pourrait être traduite en termes bouddhistes en disant que sans équanimité et sans pardon nous continuons à créer du *karma* et que, de ce fait, nous ne pouvons pas accéder à la libération.

L'équanimité est inséparable du pardon pour peu que nous commencions à voir les autres êtres humains comme des êtres conditionnés tout comme nous le sommes nous-mêmes ; certains sont plus conditionnés et certains le sont moins, mais, à la

1. Voir à la lettre « C comme Créativité ».

fin des fins, tous ont quelque chose à voir avec l'ignorance, les émotions et l'attachement à soi-même. Plus ils sont conditionnés et ignorants, plus ils sont violents. Plus vous réagissez avec l'énergie de la violence, plus vous développez l'ignorance de la séparativité et plus vous resterez dans la dualité ; et l'autre recevra l'énergie de vos pensées de violence, qui le rendront encore plus violent. Si bien que c'est vous qui serez responsable de tout cela.

Dès que l'équanimité commence à apparaître, l'esprit devient plus stable, les émotions s'apaisent peu à peu et l'on arrête de se créer davantage de *karma* ; avec l'émergence du pardon nous commençons à purifier notre *karma* passé, sans compter les éventuels liens karmiques pesants dont nous sommes porteurs. De cette façon, nous commençons tout de suite à nous sentir mieux, en ce sens que nous sommes moins guidés par nos émotions.

Étant moins conditionnés par le *karma*, notre prochaine vie elle aussi sera bien meilleure.

Il arrive que lorsque nous commençons à exercer l'équanimité et la compassion nous ayons encore de très nombreuses espérances, comme par exemple que nos voisins agressifs se transforment immédiatement en personnes gentilles avec nous. Il est vrai que cela peut arriver, mais il vaut mieux ne pas cultiver ces attentes pour deux raisons principales :

a) il se peut que le voisin soit plus aveuglé par ses propres conditionnements qu'on ne pourrait le croire ;

b) rappelez-vous que la compassion signifie donner un amour inconditionné, sans s'attendre le moins du monde à obtenir un résultat, sinon ce serait mettre une condition limitative à l'amour (je t'aime, si...).

Votre motivation doit être le réel bonheur de votre ennemi, non pas votre propre bonheur. Cela viendra comme un fruit secondaire, tout à fait comme il vous arrive d'être heureux lorsque vous agissez selon votre vraie nature, qui est la compassion.

Quand la situation vous permet de faire quelque chose de plus que la prière, faites-le : par exemple vous pouvez abandonner certains projets que vous vous étiez fixés, comme renoncer à planter un arbre dans le jardin, ce qui à coup sûr causerait d'autres discussions avec votre voisin colérique. De cette façon vous développez votre vraie fonction, votre raison d'être, qui n'est pas de planter des arbres mais de vous libérer vous-même et les autres de la souffrance.

Naturellement il y a des projets auxquels nous ne pouvons pas renoncer, et d'autres auxquels nous pouvons renoncer s'ils créent une autre souffrance : le discernement n'est pas toujours facile, et la pratique ainsi que la méditation seront utiles pour rendre votre esprit plus clair en ce qui concerne la façon de faire.

La motivation juste et une attitude tout à fait sincère vous permettront de choisir le meilleur comportement.

Pour reprendre notre exemple, si vous le voulez bien, notre voisin comprendra tout doucement ; il commencera à se demander pourquoi nous ne réagissons jamais comme il s'y attendait, et cela le conduira à découvrir qu'il doit bien y avoir un autre système, une autre façon de faire, inconnue, qui rend les gens plus calmes, non colériques, plus heureux ; et, comme le bonheur est le but ultime de tout le monde, il interprétera tout cela comme une incitation à expérimenter cet autre système, et sa vie s'améliorera beaucoup.

Savez-vous comment les choses se passaient avec un grand *bodhisattva* qui vivait de notre temps, Dilgo Khyentsé Rimpoché ? Il était la pure et simple incarnation de l'équanimité et de la compassion, et de jour comme de nuit n'importe qui pouvait se rendre chez lui et demander des enseignements. Dilgo Khyentsé n'avait pas besoin de s'y préparer, pas plus qu'il n'avait besoin de dormir. Même, à la fin de sa vie, quand il était devenu très âgé et très malade, il était complètement à la disposition des êtres sensibles, ouvert à tous leurs besoins, continuant à donner à chacun d'eux sans jamais se lasser, sans jamais hésiter ; tout cela lui venait absolument naturellement, sans aucun effort, du fait qu'il avait complètement réalisé sa vraie nature. Tous étaient égaux pour lui, qui d'évidence n'était habité par aucun besoin de juger les autres mais les acceptait et les aimait en toute circonstance.

Il est très facile d'accepter tout ce qui arrive si cela consiste à rester étendu sur la plage, complètement relaxé et à se sentir à ce moment-là tout prêt à accorder sa propre attention compatissante à un ami qui a besoin de parler à quelqu'un ; mais ne serait-ce pas une tout autre histoire s'il était quatre heures du matin, en pleine nuit, entre deux dures journées de travail ?

Presque toujours, notre meilleure excuse pour éviter un geste compatissant est que nous sommes fatigués. En réalité, même ce concept est une autre illusion créée par notre esprit, lequel est conditionné par notre personnalité, par notre ego dualiste, qui fait en sorte que nous percevions les autres comme différents de nous et donc en mesure de nous déranger. Il y a une forme subtile d'orgueil dans cette attitude, mais avec la pratique et la méditation nous pouvons lentement l'analyser, la mettre en évidence et la transformer ensuite en compassion.

Comme vous l'aurez probablement compris l'équanimité n'a rien à voir avec l'indifférence ou avec l'insouciance, ou encore avec l'incapacité de choisir entre une chose et l'autre. Être équanime veut dire que, quelle que soit la chose que nous avons choisi de faire, nous aurons la compréhension des réactions humaines et des causes des situations de la vie, et cela de façon tellement compatissante et complète que, spontanément, nous les aimerons toutes.

F... comme Folie

La sorte de folie que l'on pouvait rencontrer au Tibet n'avait rien à voir avec les causes plus communes de démence dans les pays occidentaux, comme le stress et la dépression, parce que de telles choses n'existaient pas. Cela y facilitait d'autant la guérison des fous.

Là-bas, la folie était surtout due à des troubles physiques comme la morsure d'un chien enragé, et si l'on n'était pas à même d'administrer immédiatement les « pilules noires »[1] alors on ne pouvait rien faire d'autre.

Mais d'habitude, il y avait une façon traditionnelle d'affronter la folie lorsque celle-ci était due à une relation maléfique avec ceux que nous appelons *devas*[2] ou avec d'autres êtres subtils ; parmi ceux-ci, il peut y avoir aussi des humains trépassés mais qui ont perdu leur compassion dans la grande confusion

1. Voir à la lettre « M comme Médecine ».
2. Voir à la lettre « D comme Deva ».

du *bardo*[1] et qui ont pourtant pratiqué beaucoup durant leur vie, si bien qu'ils sont encore puissants sans être compatissants.

Selon notre système, quand un homme s'ouvre à une relation de ce genre (un Occidental parlerait probablement de possession) il peut arriver que cet être subtil pénètre dans son corps, induisant des troubles nerveux et cérébraux ; tout dépend du type de lien qu'il a établi avec cet être : presque toujours il s'agit d'un lien inconscient pour l'homme mais conscient pour l'être subtil.

Le médecin tibétain est capable de déterminer si c'est cela qui cause la folie, en observant la circulation subtile, en prenant le pouls du malade mental.

S'il en est ainsi, alors, traditionnellement, nous ne soignons pas le fou, mais le *deva*. D'habitude cette guérison est effectuée par des lamas et des médecins tibétains doués d'une nature extraordinairement compatissante, parce que, dans un tel cas, la tâche n'est pas facile.

Il existe un canal subtil qui permet à ces êtres de pénétrer dans un corps humain, et la porte d'entrée correspond à l'annulaire de nos mains. Ainsi, avant de commencer à soigner un trouble causé par un être subtil, le médecin « fermera la

1. Voir à la lettre « M comme Mort et Mourir ».

porte » en attachant un cordon particulier à la base de ce doigt.

En réalité, à la différence de vos exorcistes, nous ne chassons pas l'être subtil du corps du malade mental mais nous l'obligeons à rester à l'intérieur et nous commençons à discuter avec lui. Autrement, il pourrait s'en aller et il serait alors vraiment difficile de le guérir.

Dès lors, la première chose à faire est de lui parler : il répondra avec une voix différente mais en utilisant la bouche du malade, et le médecin ou le lama cherchera à comprendre ce qui ne va pas, ce qui le rend à ce point enragé et agressif.

S'il s'agit d'un *deva* local, la cause pourrait être assez souvent celle-ci ; il était habitué à avoir des *pujas* et des offrandes des précédents habitants du lieu, et les nouveaux habitants ont oublié d'en faire autant. D'autres fois il s'agit d'attachement, ou bien l'être subtil a été dérangé par les gens.

Nous savons qu'une fois qu'il aura accepté de s'en aller et de ne jamais revenir, il tiendra parole, parce que le *deva* est honnête.

Il faudrait aussi se rappeler que, dans le passé, les Tibétains ont eu beaucoup de contacts avec les *devas*, puisque la culture Bon Po antérieure au bouddhisme était une culture chamanique. Les Tibétains ont donc une grande expérience en la matière. Ainsi, dans notre médecine, bien des causes de troubles sont attribuées aux règnes subtils. Ce qui peut apparaître tout à fait comme un problème « physique » dans le monde subtil peut – du fait que ces règnes sont moins denses que le nôtre – frapper dans la partie la moins physique de notre corps, ou bien dans notre système nerveux.

Traditionnellement donc, la plupart des problèmes nerveux sont guéris grâce à des rituels, adressés en premier lieu aux *devas* et, seulement dans un second temps, à l'être humain. Quelques-uns de ces rituels travaillent directement avec les éléments dans lesquels vivent les *devas* : il en est qui sont spécialement connectés avec un élément plutôt qu'avec un autre. L'une de nos bannières de prière porte des *mantras* inscrits pour équilibrer tous les éléments dans le but de guérir, par ce moyen, même les *devas*.

Quand nous devons affronter un être désincarné qui a perdu la compassion, alors, en ce cas-là, nous devons solliciter l'aide d'un lama hautement réalisé, afin de contacter directement l'esprit de cet être et de le ramener tout doucement sur la voie de la compassion.

H... comme Handicap

Nous croyons qu'une conscience naît au moment même de la conception, et, pour cette raison, l'avortement n'est pas admis. Pour nous, n'importe quel corps est acceptable, qu'il soit plein de santé ou bien qu'il soit porteur de handicap, chacun aura ses leçons à apprendre, ses leçons à donner. Par exemple, une personne ayant un handicap aidera ses familiers et ses amis à développer la patience tout autant qu'une qualité d'amour non conditionné par l'apparence d'un beau corps, d'une belle parole ou d'un bel esprit. Une telle personne sera pour eux un bon maître : en l'observant, ils auront l'opportunité extraordinaire d'apprendre comment fonctionne leur propre esprit en ce sens qu'ils se rendront compte qu'ils sont toujours porteurs d'exigences qu'une personne handicapée n'a pas. Celle-ci, en fait, a beaucoup moins d'attentes que nous n'en avons nous-mêmes, et, dans ses relations, elle est comme elle est, sans trop attendre des autres.

Une autre chose que nous pouvons apprendre, c'est que nos problèmes ne viennent jamais de l'extérieur mais de l'intérieur : dans le mode de vie traditionnel, la famille était suffisamment grande pour s'occuper d'une personne handicapée, or maintenant le problème n'est pas en lui-même le handicapé mais bien notre style de vie qui nous pousse à courir ici et là sans avoir de temps pour rien.

Si bien que chacun devrait s'analyser et se demander s'il veut trouver du temps pour prendre soin des autres.

Naturellement le handicapé lui-même peut tirer beaucoup de leçons positives à partir de son propre état : par-dessus tout s'il y a quelqu'un qui prend soin de lui, afin qu'il ne souffre pas trop. Peut-être le handicapé apprendra-t-il intérieurement comment fonctionne sa maladie, quel pourrait en être le remède ; ainsi, dans une prochaine vie, il reviendra peut-être en tant que grand médecin.

Voilà pourquoi les porteurs de handicaps ne sont pas considérés comme vraiment handicapés dans notre tradition ; ils ne vivent pas nécessairement moins d'expériences que nous, mais ils offrent certainement des opportunités différentes de vivre les mêmes expériences.

I... comme Intégration et Pratique

Si nous voulons vraiment nous libérer de la souffrance, nous devons apprendre beaucoup de choses, et il ne suffit pas de les lire dans des livres. Nous pouvons croire que nous avons compris, mais quand nous devons affronter une situation réelle notre compréhension intellectuelle ne nous aide pas beaucoup : il existe une sorte d'orgueil très subtil qui nous fait penser que la théorie est suffisante, mais en réalité nous ne pouvons compter seulement que sur nos réalisations profondes.

C'est pourquoi dans le bouddhisme tibétain, il y a ce qu'on appelle la pratique qui est un véritable entraînement, et ce que l'on nomme l'intégration qui survient lorsque l'on applique ce que l'on a réalisé aux situations de notre vie.

L'une et l'autre sont inséparables, et quand enfin nous réussissons à intégrer dans notre vie ce que nous avons réalisé, immédiatement nous nous apercevons qu'il reste quelque chose à améliorer, quelque chose d'autre à apprendre, à comprendre et à intégrer.

L'entraînement est ce que les étudiants du bouddhisme tibétain aiment le moins, mais en réalité c'est le moment tout à fait spécial où nous pouvons nous reconnecter avec notre nature profonde de bouddha (en la réalisant) et interrompre l'agitation quotidienne pour méditer.

Par la pratique nous créons les meilleures conditions pour qu'une telle connexion se produise, si bien qu'au moment de l'intégration, même si les conditions ne sont pas les meilleures, nous serons suffisamment entraînés pour rester en contact, malgré tout, avec notre nature profonde.

Imaginons que nous nous trouvions dans un avion qui a une panne : l'appareil commence à tomber. Si nous sommes bien entraînés, nous ferons automatiquement ce qu'il y a de mieux, nous n'aurons pas peur : nous nous mettrons à méditer paisiblement, avec la certitude que la mort n'existe pas. Imaginez maintenant que tous les passagers fassent la même chose : aucune peur, aucune souffrance. Imaginez qu'ils entrent en méditation spontanément, au lieu de se mettre à hurler : comme l'esprit est vraiment puissant, il pourrait même arriver qu'ils réussissent à transformer cette illusion aérienne du moment en quelque chose de mieux, à tel point qu'il y ait de fortes probabilités pour que cet avion puisse atterrir parfaitement !

Développer une pratique, c'est comme entrer dans son propre laboratoire personnel : là nous pouvons observer toutes nos émotions et ce qui est leur cause fondamentale. Il y a des causes tellement profondes que nous ignorons, sauf quand nous voyons nos réactions. Par exemple, nous savons que certaines réactions précises sont causées par la colère, mais nous ignorons la cause de la colère elle-même.

Quand nous sommes mis en colère par quelqu'un, nous pensons normalement que c'est lui qui est la cause de notre colère, mais en réalité il n'en est pas ainsi.

Le fait est que nous n'acceptons pas les manières de l'autre, son point de vue, sa situation, et que nous pensons savoir des choses que l'autre ne sait pas. Et à peine l'autre bouge-t-il qu'immédiatement nous enrageons.

Mais si vous pratiquez en commençant par vous auto-analyser, par vous demander comment il se fait que vous soyez autant en colère, et bien que vous pensiez initialement que c'est parce que quelqu'un a fait quelque chose qui ne va pas, dans un second temps, en y regardant bien, vous découvrirez que votre colère vient de l'intérieur de vous-même, comme toutes les autres émotions. C'est votre façon de voir un événement qui le rend positif ou négatif pour vous, à partir de quoi vous réagissez à ce que vous voyez. Donc, observez que votre rage provient du fait que vous êtes orgueilleux ou jaloux, ou naît de certaines de vos attentes, ou que vous avez développé une sorte d'auto-attachement.

La méditation et la pratique vous permettent d'avoir une plus grande clarté dans votre vision des choses et dans votre compréhension du fonctionnement de vos émotions, tandis que l'intégration est votre banc d'essai.

Voilà pourquoi la pratique sans l'intégration ne suffit pas, et pourquoi l'intégration ne peut pas advenir sans la pratique. Si vous êtes capable de faire l'une et l'autre pendant votre vie, vous vous améliorerez vraiment sans arrêt et votre développement sera très rapide. C'est avec ce système que quelqu'un de vraiment négatif comme Milarépa devint un grand maître et un *bodhisattva* en une seule vie.

Pratiquer signifie que vous avez adopté une méthode et que cette méthode est efficace : vous devenez plus équilibré, plus équanime, et vos émotions sont plus calmes. Cet équilibre n'est pas seulement positif pour vous, mais aussi pour tous les êtres sensibles en ce sens que vos sentiments, lors de vos échanges avec eux, changeront [1].

Dès lors que votre personnalité émotive commence à se calmer, votre nature profonde, pure et compatissante, trouve toujours plus de moyens de se manifester.

1. Voir à la lettre « E comme Équanimité ».

K... comme Karma

Ce que nous appelons le *karma* est la loi de cause à effet : nous faisons une certaine action ou nous émettons une pensée déterminée (la pensée est une énergie, comme vous pouvez le voir au chapitre « C comme Créativité »), et tôt ou tard cette énergie mise en mouvement portera ses fruits, qui seront de la même qualité et qui reviendront vers nous. Cela ne veut pas nécessairement dire que le cercle se refermera en une seule vie, celle-là même dans laquelle l'acte ou la pensée ont été émis ; cela signifie au contraire que nous devons faire face aujourd'hui au fruit (l'effet) de ce que nous avons accompli (causé) dans nos vies passées ou dans cette vie même.

Selon les bouddhistes ce n'est pas une divinité extérieure qui punit ou qui récompense[1] ; c'est nous qui sommes les seuls créateurs de notre réalité, et plus nous sommes compatissants et

1. Voir « D comme Dieu ».

conscients de notre potentiel, plus nous créerons des conditions bonnes pour tous les êtres sensibles et, finalement, plus aucune condition du tout.

C'est cela que nous appelons « libération » ou « liberté » ou encore « réalisation » : quand nous réalisons, comme le fit le Bouddha, que tout ce que nous prenons pour la réalité est illusoire, alors nous ne sommes plus prisonniers de la « réalité » elle-même et nous pouvons tout à fait en transcender les lois, comme la loi du *karma*. L'histoire du bouddhisme est très encourageante en ce que parmi nos grands maîtres il y eut Milarépa, qui commença sa vie sous le poids d'un *karma* vraiment lourd et, de plus, fit de son mieux pour s'en construire un pire encore durant sa jeunesse. Puis, avec l'aide d'un autre grand maître, il réussit à trouver la porte de sortie, à réaliser la véritable nature de son esprit et à devenir lui aussi un *bodhisattva*.

Les techniques ou les voies de réalisation sont extrêmement nombreuses et elles appartiennent à toutes les religions et à beaucoup de philosophies ; en ce sens elles sont équivalentes, bien que se présentant sous différentes formes.

Une de ces voies universelles consiste à apprendre à regarder les situations dans lesquelles nous vivons : nous sommes habitués à en voir seulement la partie la plus évidente ; ainsi, dans une situation de souffrance, nous voyons par-dessus tout la souffrance. Mais si nous apprenions à l'analyser, nous

nous apercevrions qu'il n'y a rien là de complètement négatif.

Le *karma* se forme individuellement et collectivement : par exemple nous pourrions parler des Tibétains. Quand Padmasambhava (qui apporta le bouddhisme au Tibet) quitta notre pays au VIIe siècle, il dit à ses disciples et au roi quel serait l'avenir et comment agirait le *karma* collectif accumulé précédemment. Toutefois, l'invasion chinoise a encore entraîné une plus grande diffusion des enseignements du Bouddha, qui sont sortis du Tibet et peuvent ainsi aider les Occidentaux. Rien n'est donc complètement négatif.

Toute chose ou tout être possède la nature de bouddha, recouverte de beaucoup d'obscurcissements ; mais, précisément à cause de cette nature de bouddha, comment les choses pourraient-elles être complètement négatives ? C'est comme un vêtement sale ; en réalité il semble sale mais après que vous l'ayez lavé, il ne l'est plus. Le vêtement est un vêtement, et la tache était seulement un obscurcissement de la nature réelle de ce vêtement.

On devrait commencer à voir toutes les situations négatives comme autant d'occasions pour apprendre quelque chose et donc pour se développer ; et que pourrait-on bien apprendre ? La patience, la tolérance, la compassion, par exemple. Rappelez-vous que même votre persécuteur est comme ce vêtement : il a beaucoup d'obscurcissements qui le rendent agressif, ignorant de sa nature propre (qui est la même que celle de sa victime, parce que tout est un !). Une fois que vous aurez compris cela vous commencerez à engendrer de la compassion dans vos rapports avec lui et, sachant que chaque pensée est une forme d'énergie, cette énergie compatissante le rejoindra et il pourra commencer à voir un peu plus de lumière, ayant ainsi une occasion de changer.

Ceci est la façon dont on peut commencer à se libérer de son propre *karma* et simultanément aider les autres êtres sensibles à se libérer du leur, car tout est interdépendant. Et les ingrédients principaux, comme vous avez pu le constater dans cet exemple, sont la volonté, la compassion et la connaissance.

Une fois que nous avons vaincu le *karma*, nous pouvons nous réincarner à nouveau, mais sans être conditionnés par le *karma* passé, et nous nous incarnerons alors spontanément en tant que manifestation de la compassion, pour le bien de tous les êtres sensibles encore prisonniers de leur réalité illusoire[1].

1. Voir « B comme Bodhisattva ».

K... comme Karmapa

Le XVIe Karmapa était le frère de mon père et il lui échut de m'élever lorsque mon père mourut alors que j'étais encore tout petit. Je grandis dans son monastère, en compagnie de beaucoup d'autres petits *tulkous* comme moi[1].

C'était un vrai *bodhisattva* si bien que par-dessus tout il enseigna l'équanimité et la compassion.

Sa méthode consistait en un premier temps à donner des enseignements mais comme il était difficile d'en saisir immédiatement la portée, même si nous pensions les avoir entièrement compris, il nous laissait expérimenter personnellement leur sens. De telle façon que celui-ci devenait plus clair tout doucement, de l'intérieur, suivant notre niveau : plus on était obscurci par la colère, par l'attachement, par l'orgueil, par la jalousie, et plus l'on tardait à les comprendre.

En réalité, nous n'agissions pratiquement jamais

1. Voir à la lettre « T comme Tulkou ».

selon ses enseignements ; mais il ne s'attendait pas à ce que nous les comprenions immédiatement quand il les donnait ; il savait que nous n'avions pas compris et que nous avions parfois besoin de vivre certaines expériences qui les éclairciraient alors qu'il les avait donnés longtemps auparavant. Quelquefois, il nous disait de quelle expérience il était question, celle même qui rendait plus clair son enseignement, mais, très souvent, même cela ne suffisait pas, et nous avions besoin de vivre tout à fait l'expérience dans toute sa profondeur.

Il avait la capacité d'ensemencer à l'intérieur de nous, sachant que ces graines mûriraient plus tard, en d'autres circonstances.

Une fois que j'avais vraiment compris le sens de ses instructions, j'agissais en conformité avec elles sans plus éprouver la moindre difficulté, car j'étais en pleine concordance avec les enseignements. Cet orgueil personnel et cette ignorance, qui nous font faire les choses que nous savons que nous ne devrions pas faire, s'en étaient allés, puisque le sens profond avait été réalisé.

Par exemple, nous savions que nous aurions dû agir pour le bien de tous les êtres sensibles, et naturellement nous voulions le faire ; mais là encore nous faisions la différence entre un ami et un ennemi, si bien que nous préférions aider le premier plutôt que le second. Mais après avoir réalisé le sens profond de cet enseignement, c'est-à-dire qu'il n'y a aucune véritable différence entre les deux (ami ou ennemi), il devint facile et très naturel d'agir pour le bien de l'un comme de l'autre. Et notre activité commença à être plus pure.

Son propre exemple était très efficace : il jouissait d'une position sociale très élevée, étant non seulement un leader important mais encore un très grand maître. Il y avait des gens qui l'aimaient et le respectaient et d'autres qui ne le respectaient pas le moins du monde : mais il les aimait tous également, et il les aidait toujours tous, qu'ils soient avec lui ou qu'ils soient contre lui. Cela nous entraîna à ne pas juger les gens, à nous limiter à les aimer sans aucune pensée conditionnante.

Pour nous il était très difficile de réaliser cet état, car il y avait des choses ou des personnes qui nous plaisaient et d'autres qui ne nous plaisaient pas ; mais peu à peu notre compréhension devint plus profonde et nous devînmes plus équanimes et donc plus forts.

Parmi les objets propres au Karmapa, il y a la célèbre Coiffe Noire, offerte par un empereur de Chine à la cinquième incarnation du Karmapa. Cet empereur en avait vu une de forme semblable dans l'aura du Ve Karmapa, juste sur sa tête, et lui ayant demandé ce que signifiait une telle forme, s'était entendu répondre qu'il s'agissait du signe attestant de cent mille années de *samadhi* dans une incarnation précédente. Le Ve Karmapa avait ajouté que, pour honorer symboliquement une telle réalisation, les *Dakinis*[1] avaient fabriqué une coiffe noire avec leurs cheveux.

L'empereur voulut rendre cette symbolique coiffe noire physiquement visible, afin que tous puissent voir ce qui lui avait été révélé grâce à la vue subtile.

Le Karmapa la coiffait très souvent et le fait de l'avoir vue était considéré comme une grande bénédiction. Selon ce que l'on disait, la Coiffe Noire (qui est actuellement conservée à Rumtek) donnait la libération « au moyen de la vue », ce qui veut dire différentes choses, et tout d'abord que la vision de cette Coiffe Noire sur sa tête peut libérer (ou bien peut favoriser notre libération) du *karma* négatif, de l'illusion, ou bien de la souffrance.

Quand le Karmapa abandonna son corps, son équanimité face à la vie ou à la mort était absolue, si bien que sa mort devint en elle-même un autre enseignement pour tous ceux qui demeuraient auprès de lui. Il avait été un homme robuste pendant toute sa vie, et même le cancer s'était réduit de lui-même, si bien qu'en réalité il n'est pas mort d'un cancer. Peu avant de mourir, il attrapa toutes les maladies possibles, de la pneumonie à l'infection du sang, et à chaque fois il guérissait spontanément de chacune d'elles avant d'en attraper une autre.

1. Des êtres hautement réalisés, de polarité féminine, appartenant à un règne subtil.

L'opinion des Tibétains à ce propos est que le Karmapa s'est, en fait, chargé du *karma* négatif d'autrui comme le font particulièrement les grands êtres, qui sont capables de supporter la souffrance mieux que les autres.

Selon les médecins de l'hôpital de Chicago, sa souffrance devait être insupportable, et pourtant il passait beaucoup de temps à leur expliquer qu'en fait il ne souffrait pas.

Mais naturellement les médecins voulaient le soumettre à leurs différents traitements, au point qu'il disait : « Laissez-les faire ce qu'ils veulent ». Il désirait en fait que chacun développe sa propre fonction, et il savait que les médecins agissaient poussés par la compassion. Il refusait uniquement les analgésiques, car pour nous il est très important d'être conscient de la totalité du processus de la mort [1]. Certains traitements étaient vraiment très douloureux, si bien qu'au lieu de les affronter en ayant recours aux analgésiques, il se mettait simplement à dormir. Et le traitement n'était pas plutôt fini que le Karmapa se réveillait et commençait à se comporter comme si tout était normal, donnant des enseignements, parlant et expliquant ce qui était arrivé. La seule différence était que son énergie physique avait diminué et qu'ainsi il n'était

1. Voir à la lettre « M comme Mort et Mourir ».

plus en mesure de se lever et de se mouvoir comme auparavant.

Il ne voulait pas non plus faire usage des « pilules noires »[1] : pour lui il n'y avait aucune différence entre être malade ou être en bonne santé, entre la mort et la vie ; c'était tout à fait comme lorsqu'on décide de faire un voyage : il n'y a aucune panique dans notre décision, de sorte que ici ou là, pour nous, cela va tout aussi bien. Et il en était ainsi pour lui.

Il donna des indications sur sa prochaine incarnation, indications qui furent tenues secrètes de façon à vérifier qui est qui.

Mais, pour des raisons politiques, les Chinois ont voulu choisir un nouveau Karmapa, c'est probablement pourquoi ils ont décidé qu'un petit enfant tibétain déterminé devait être celui-là. En réalité, ce petit enfant n'a jamais été reconnu comme il se doit : les Chinois ont tout fait avec la complicité de certains lamas résidant au Tibet, probablement en les maintenant lourdement sous leur pression. Sinon, pourquoi se serait-on hâté de terminer la procédure entière, et ce par-dessus tout en la tenant secrète ? Ils mirent seulement deux ou trois mois pour déclarer que cet enfant était le Karmapa et c'est cela qui rend l'entière procédure suspecte.

Quand il fut demandé au dalaï-lama de le recon-

1. Voir « M comme Médecine ».

naître, de son lieu d'exil, et de donner officiellement son accord, les jeux étaient déjà faits : il ne lui restait plus autre chose à dire que : « oui ». L'enfant se trouvait déjà dans le monastère, et un autre conflit n'aurait rien apporté de bon. Il y a déjà bien assez d'oppression au Tibet.

En réalité, nous ne sommes pas capables de dire si cet enfant est le Karmapa puisque nous n'avons pas pu le vérifier comme il se doit ; mais il y a un autre enfant, qui a été découvert au Tibet, et qui a été soumis vraiment à toutes les vérifications. Ses parents ont témoigné qu'il s'est lui-même proclamé la réincarnation du Karmapa, lorsqu'il était encore tout petit, et qu'il racontait alors expressément des épisodes de sa vie précédente. Il leur dit encore de ne point trop en parler, et ses parents tinrent simplement le tout secret.

Cet enfant correspond parfaitement à la description que le Karmapa a donnée avant son trépas. Toutefois, cette nouvelle incarnation du Karmapa n'exclut pas automatiquement l'autre garçon, celui qui a été « vérifié » en toute hâte. En fait, il peut aussi arriver que se manifestent un second et même un troisième Karmapa ; en ce cas, l'un d'entre eux pourrait être la réincarnation, et les autres ses émanations.

Une émanation est un être qui a la même nature, les mêmes qualités, le même niveau spirituel que le Karmapa : en fait il s'agit de quelqu'un qui a eu un lien et une connexion spirituelle très forte avec lui ; c'est un peu comme lorsque quelqu'un pratique l'aspect compatissant du Bouddha au point de devenir lui-même cette compassion. À ce point, l'ego s'en est allé, il n'y a plus aucun dualisme entre le sujet qui pratique et l'objet de la pratique, le but de la pratique elle-même (par exemple la compassion) : le pratiquant n'est plus rien d'autre que l'émanation de la compassion.

La même chose peut arriver aussi à travers le maître et le disciple : puisque la nature du disciple est la même que celle du maître, dans ce que nous appelons *guru yoga*, nous sommes amenés à réaliser que notre maître et nous-mêmes sommes un. Quand nous réalisons cela, toute la sagesse, la compassion, l'équanimité et les autres qualités du maître nous sont transmises directement, sans compter son propre niveau de réalisation. Si bien que nous devenons une émanation de ce que le maître a réalisé jusqu'à présent.

Durant ses vies précédentes, le Karmapa eut de nombreux disciples très proches de lui, capables de réaliser le même niveau spirituel et les mêmes qualités, si bien que ceux-ci pourraient s'incarner comme ses émanations, en ce sens qu'ils sont déjà un avec ce qu'il est.

L... comme Lignée

Une lignée est une chaîne ininterrompue de transmission des enseignements de maître à disciple.

Quand le *bodhisattva* appelé Karmapa se manifesta sous ce nom pour la première fois au Tibet, il reçut la transmission de beaucoup d'enseignements de Gampopa, lequel en son temps les avait reçus de Milarépa, qui les avait reçus de Marpa ; celui-ci avait passé douze ans en Inde, durant lesquels il avait été instruit par divers maîtres bouddhistes indiens, parmi eux Naropa et Maitripa... et ainsi de suite jusqu'à remonter au Bouddha Sakyamouni lui-même.

Une « transmission » ne signifie pas seulement « faire passer » un enseignement ou l'exposer ; cela implique que le disciple réalise la même chose que le maître et peut donc à son tour enseigner ce qui lui a été enseigné, étant un avec tous les maîtres précédents, jusqu'au Bouddha lui-même.

C'est comme cela qu'est préservée la qualité de l'enseignement.

M... comme Magie

Parfois les Occidentaux regardent nos rituels, écoutent nos *mantras* et assistent à d'autres pratiques sans en comprendre vraiment la signification symbolique, au point qu'ils en arrivent à penser que le bouddhisme tibétain a quelque chose à voir avec la magie.

En réalité c'est exactement le contraire.

La magie est une façon d'utiliser l'énergie à ses propres fins, afin d'obtenir quelque chose pour soi-même.

Tous nos enseignements et toute notre pratique sont un moyen de réaliser notre véritable nature, et la motivation même de notre recherche n'est pas d'obtenir la libération pour nous-mêmes, mais de faire en sorte que tous les êtres sensibles soient libérés de la souffrance et de l'illusion.

La magie n'est rien d'autre qu'illusion : si vous pensez qu'une autre personne est différente de vous, si vous voulez forcer certains événements à s'accomplir dans sa vie pour obtenir quelque chose pour vous-même, vous deviendrez de plus en plus prisonnier de votre point de vue dualiste. Tout cela n'apportera rien d'autre que de la souffrance, indépendamment du fait qu'il puisse vous sembler intéressant d'obtenir un résultat temporaire après avoir forcé les choses à arriver.

Si bien que lorsque vous voyez un rituel tibétain, un lama qui agit en utilisant un symbole humain (par exemple une statuette), rappelez-vous toujours que ce n'est rien d'autre qu'une façon de montrer extérieurement ce que nous faisons avec notre propre personnalité (non pas avec le corps de quelqu'un d'autre) afin de dissoudre notre ego – représenté par la statuette – en la vraie nature de chacun de nous, qui est parfaite sagesse et compassion.

En outre, tous ces *mantras, mandalas*, statues, etc... sont considérés comme des moyens habiles pour obtenir tel ou tel résultat, mais nous pourrions évidemment nous en passer : ils ne sont rien d'autre que des instruments. Au contraire, les mages ne peuvent rien faire sans leurs ustensiles, à tel point qu'ils développent de la dépendance par rapport à ces objets, à ces formules, etc.

M... comme Mandala

Les Occidentaux sont toujours très impressionnés par les *mandalas* : ils considèrent que c'est une forme d'art, et, surtout, ils ne réussissent pas à comprendre pourquoi, après avoir travaillé avec tant d'attention pendant des jours et des semaines pour construire un *mandala* de sable plein de détails, nous le jetons dans une rivière, plutôt que de l'enfermer dans un musée.

Le fait est que le *mandala* n'est pas seulement une forme d'art, mais une pratique profondément symbolique. Nous pouvons dire qu'il représente l'activité créatrice de l'esprit, et que pour cette raison nous le dissolvons afin de nous rappeler à nous-mêmes que tout ce qui semble réel en ce monde n'est pas autre chose qu'une illusion. Cela symbolise aussi le fait que toutes les choses qui nous plaisent sont impermanentes, de sorte que l'on ne devrait pas engendrer d'attachement pour elles ; et celui qui a construit une splendide maison, qui a mis sur pied une administration fameuse, qui a fait une invention incroyable, qui a fondé une famille heureuse, devrait aimer tout cela sans jamais s'y attacher, tout à fait comme les moines qui ont fait un *mandala* apprennent à se sentir suffisamment pleins d'amour pour réussir à faire un bon *mandala*, mais sans pour autant s'attacher à celui-ci.

Dissoudre le *mandala* signifie aussi que toutes les manifestations appartiennent à l'unité originelle, où il n'existe pas de pensée dualiste, car la pensée dualiste est une propriété de l'illusion.

Le *mandala* représente la réalité ultime, la nature de l'esprit, tout comme il représente l'esprit de l'être humain, parce que notre esprit a la même nature que l'esprit parfait du Bouddha[1].

Pendant nos initiations, nous nous visualisons habituellement en train d'entrer à l'intérieur d'un *mandala*, mais en réalité c'est en nous-même que nous entrons : là nous trouvons beaucoup de *yidams* ou de déités qui représentent nos qualités. Il y en a des centaines, et elles correspondent aussi à des centaines de points divers de notre corps physique et subtil.

Quand on visualise un *mandala*, on visualise toujours une lettre.

En un certain sens, on peut dire qu'un *mandala* est une forme qui permet de rappeler une énergie qui lui correspond, exactement comme font les

1. Voir « C comme Créativité ».

lettres et les sons sacrés dans beaucoup de traditions. Dans le judaïsme, l'alphabet est considéré comme le réceptacle sacré de la création entière, c'est ainsi que le Sans-Forme a pu prendre forme (le son est lui aussi une forme). La création commence avec le Verbe.

Dans la tradition musulmane, l'écriture est si sacrée qu'elle ne saurait être traduite en aucune autre langue, un peu comme pour nos *mantras.*

Nous disons que notre esprit a la nature de Bouddha mais qu'il ne peut la voir. Et nous ne réussissons pas à renouer contact avec elle sans recourir à l'aide des symboles. Pour nous reconnecter avec cette nature qui est la nôtre, nous dessinons des formes, puis nous y ajoutons le symbole de la lettre d'une ou plusieurs qualités de la nature parfaite avec laquelle nous voulons nous relier afin de faire en sorte que cette qualité se manifeste à travers nous. Par exemple, Chenrezi est considéré comme une émanation de la qualité paisible de l'esprit, qualité que, nous aussi, nous possédons. Mais pour la rappeler, pour faire en sorte qu'elle se manifeste à travers notre personnalité, nous pouvons représenter le *mandala* symbolique de Chenrezi, puis y ajouter le symbole d'une lettre qui rappelle l'essence de Chenrezi, et enfin nous reconnecter avec cette essence. Nous réalisons alors que nous sommes un avec cette essence, et le concept dualiste d'être séparé de l'essence s'évanouit. Nous dissolvons notre personnalité dans la nature parfaite de l'esprit ; et, de la même façon, le *mandala* sera dissout.

C'est comme lorsque vous voulez vous laver : une fois que vous êtes dans l'eau, la forme du récipient ne vous intéresse plus, et vous vous sentez un avec l'eau, en paix. Dans ce cas, nous pourrions dire que nous devenons l'eau, ayant la même qualité que l'eau.

Cette valeur symbolique ne peut être attribuée à toutes les lettres de notre alphabet, mais à la plupart d'entre elles : comme dans l'ancien alphabet grec.

Notre écriture alphabétique, de même que nos enseignements, provient de l'Inde, et le sanscrit est lui aussi considéré comme une langue sacrée, hautement symbolique. Nous avons aussi conservé l'usage d'un alphabet symbolique qui est resté dans notre langue écrite. Le tibétain écrit est très loin du tibétain parlé : pour vous donner une idée, nous écrivons *vajra*, selon le nom sanscrit de l'un de nos symboles, mais nous le prononçons *benza.*

La forme de *mandala* la plus commune est celle du temple : il faut le considérer comme un plan de la demeure d'une déité et réussir à le visualiser en trois dimensions.

M... comme Mantra

Les *mantras* sont des sons produits par la voix dont nous nous servons pour mettre notre personnalité en contact avec l'un des aspects profonds de notre nature bouddhique, dans le but de permettre à tel aspect ou à telle qualité de venir se manifester à travers notre activité, pour le bien de tous les êtres sensibles. Les *mantras* sont des instruments de grand développement.

Habituellement, nous les répétons un grand nombre de fois au cours des méditations et des pratiques afin que la qualité que nous voulons réaliser commence à agir à travers nous. Par exemple, si votre fils est malade et si vous voulez le guérir, vous irez certainement chercher le médecin, mais vous pouvez aussi l'aider à votre façon : réciter un *mantra* de guérison jusqu'à ce que vous le sentiez en contact avec la qualité de guérison de votre esprit, et à ce moment cet aspect de votre vraie nature se manifestera à travers votre personnalité individuelle.

Ces formules ont souvent été considérées comme semblables aux prétendues « formules magiques » des fables occidentales, mais en réalité elles n'ont rien à voir avec la magie. La magie est toujours l'activité d'un individu s'efforçant d'obtenir un certain résultat personnel, et n'a rien à voir avec la croissance spirituelle[1]. Le mage est comme un homme ayant un ordinateur : avec son appareil il peut faire très vite quantité de choses merveilleuses, mais sans lui il n'est pas plus habile que les autres. Ce n'est pas parce qu'il utilise un ordinateur qu'il devient meilleur.

Les mots sont formés de lettres et les lettres ne sont autre que des formes capables de capturer, sur un plan physique, les sons qui sont des phénomènes éthériques. Voilà pourquoi le son est aussi important dans la pratique des *mantras*. En réalité, nous écrivons des lettres de l'alphabet pour rappeler les sons qui correspondent à des aspects déterminés de l'énergie, que nous pouvons décrire comme qualités de notre nature parfaite profonde. Nous pouvons donc évoquer la compassion, l'intelligence, la générosité, la guérison et ainsi de suite.

Les médecins modernes ont un peu retrouvé les pouvoirs du son : ils réussissent à détruire adroitement, grâce à lui, les calculs biliaires. Par le son

---

1. Voir « M comme Magie ».

on peut rendre furieuse et agressive une personne pacifique, ou bien la calmer.

Le son est vibration, chaque vibration correspond à une qualité de l'énergie. À la lumière de cette connaissance les Occidentaux pensent souvent qu'ils ne réussiront jamais à faire fonctionner notre méthode du fait que leur prononciation des *mantras* tibétains est presque toujours différente de celle que nous leur enseignons.

Heureusement la capacité qu'ont les *mantras* de rappeler certains aspects de notre vraie nature fonctionne malgré la prononciation des gens : naturellement le son est très important dans le *mantra* mais il y a aussi d'autres aspects, comme notre attitude lorsque nous utilisons un tel instrument, notre confiance, notre intention et le sens des paroles que nous disons. Par exemple, le tibétain parlé est très différent de sa forme écrite, qui dérive directement du sanscrit du fait que nos enseignements proviennent d'Inde : cela signifie que pendant des siècles les Tibétains ont eu probablement les mêmes difficultés à prononcer le sanscrit qu'ont aujourd'hui les Occidentaux quand ils cherchent à imiter le tibétain, à tel point que de génération en génération la prononciation originelle de nos *mantras* doit avoir profondément changé. Et pourtant ils continuent à fonctionner ; donc faites de votre mieux et ne vous en faites pas. Si vous ajoutez le doute à votre récitation vous perdez la confiance et vous n'aurez probablement pas de succès. Rappelez-vous que ce qui est dans votre intention, ce que vous ressentez, est plus important que la forme que vous utilisez.

Quand nous pratiquons les *mantras*, d'ordinaire nous avons besoin d'une période de retraite : cela dépend du nombre de milliers de *mantras* que nous devons réciter. En réalité, en récitant le *mantra* nous développons peu à peu la qualité à laquelle le *mantra* se réfère, jusqu'à ce que nous devenions un avec cette qualité. Si nous revenons à l'exemple précédent du *mantra* de guérison, un ou deux *mantras* ne seront certainement pas suffisants pour guérir : dans ce cas nous pouvons dire que la quantité fait la qualité, ce qui veut dire que la qualité ne se manifeste pas facilement sans la quantité. En un certain sens, cette façon de faire marche comme une batterie électrique : avant de pouvoir s'en servir il faut y emmagasiner du courant. L'accumulation est donc nécessaire afin que le *mantra* puisse fonctionner à plein.

Du fait que tous ces « ingrédients » ne sont pas mesurables, il est impossible de dire comment fonctionnent les *mantras*, mais il est possible de témoigner qu'ils fonctionnent bien réellement. Par exemple, imaginez que vous vous trouviez dans une situation très dangereuse et que vous allez être submergé par les émotions, si bien que votre esprit ne sera plus tout à fait clair alors que précisément, au contraire, il devrait l'être davantage. Vous ne réussirez certainement pas à méditer pour sortir de votre confusion mentale, car vous n'en aurez pas le temps ; mais si vous êtes habitué à répéter des *mantras*, vous utiliserez automatiquement le bon et entrerez immédiatement en contact avec votre nature profonde. C'est ainsi que vous rappellerez la qualité nécessaire en un tel moment, et si votre avion continue de tomber vous pourrez susciter la paix de l'esprit, la paix pour tous, et chercher à la transmettre aux autres passagers.

Dans un cas comme cela un *mantra* est un moyen habile pour se maintenir bien centré dans n'importe quelle situation ; ainsi fonctionnerez-vous avec l'esprit clair au lieu de fonctionner sous la domination de vos émotions confuses. Face au danger, votre cerveau cherche désespérément une solution, mais il ne réussit pas à la voir parce que, presque toujours, vous êtes sens dessus dessous ; le *mantra* est comme une poignée : vous pouvez vous y cramponner.

Quand ils font des conférences ou qu'ils donnent des enseignements, bien des lamas n'aiment pas s'y préparer, comme le feraient au contraire des orateurs occidentaux ; votre façon de faire semble un peu artificielle. En fait quand nous nous trouvons en face du public, nous nous limitons à entrer en connexion avec nos maîtres à l'aide d'un *mantra*, et immédiatement nous nous sentons inspirés et nous commençons à parler. En ce qui me concerne, si je me sers de ma personnalité, je commence à penser, et je me préoccupe alors de ce que je dois dire, de savoir comment les gens vont le prendre, s'ils comprendront, si bien que mon esprit rationnel m'empêche de donner des enseignements élevés. Tout ce que je sais, je l'ai appris du XVIe Karmapa, et si, au lieu de penser à ce que je vais dire, je visualise sa présence en face de moi, sachant que de son essence viendra tout ce que les gens présents ont besoin d'entendre, me viennent immédiatement à l'esprit beaucoup de choses excellentes. Elles ne me viennent pas en étant prononcées par une voix extérieure ou par quelque chose de ce genre, car je ne suis pas un médium ; elles viennent de l'intérieur, dès lors que j'ai rétabli l'union avec mon maître. Je me limite à dire ce que je sens intérieurement, sans aucun jugement, et quand j'écoute ce que je dis je peux reconnaître la même qualité que dans ce que disait le Karmapa. Laquelle est bien meilleure que ma qualité habituelle.

Un discours artificiel et bien préparé sera aussi le fruit de mon esprit, tout à fait comme ce qui est enseigné de façon spontanée, mais le second discours, sans détour, est bien meilleur que le premier. Je ne suis le canal d'absolument personne d'autre, le seul secret réside dans le fait que j'oriente mon esprit vers la sagesse avec laquelle je me mets en contact. L'énergie du *mantra* travaille de la même façon : elle fait monter à la surface nos qualités les meilleures et les plus profondes.

Un *mantra* peut aussi être utilisé par un maître pour réveiller un disciple : pendant les enseignements notre esprit n'est pas toujours au maximum de son attention, si bien qu'il commence à vagabonder. Il y a des maîtres qui utilisent la syllabe « PHAT » en plein milieu de l'enseignement, la criant si fort que les étudiants font un bond sur leur siège. Mais le but n'est pas seulement d'obtenir l'attention : pendant un instant votre cerveau rationnel est mis sens dessus dessous et cela permet au maître de prendre contact, pendant moins d'une seconde, avec l'hémisphère droit, celui de l'esprit intuitif, introduisant en celui-ci nombre d'informations directes provenant de son propre esprit. De telles informations émergeront lorsqu'il en sera besoin. C'est une sorte de transmission directe, d'esprit à esprit, qui peut se passer également de diverses autres façons. Par exemple, il peut arriver qu'un grand maître vous frappe la tête, et que vous vous trouviez désappointé pendant un temps très bref, celui nécessaire à la transmission. Traditionnellement on dit que cela peut se passer même en un clin d'œil : alors « on s'éveille » et on comprend que l'on est en train d'expérimenter quelque chose, sans avoir le moins du monde le temps de juger de quoi il s'agit. Vous avez eu alors un contact avec votre vraie nature.

En fait, chaque fois que nous parlons de réaliser cette nature de bouddha, nous projetons immédiatement quelque chose et nous pensons : « Ce doit être comme ceci et comme cela, la nature de bouddha » et ainsi nous ne voyons jamais que notre seule projection.

Pour s'introduire directement dans la vraie nature de notre esprit on peut donc faire usage d'une syllabe. S'il est naturel que cette situation ne puisse se maintenir longtemps, du fait que nos habitudes reprennent tout de suite le dessus, au moins en aurons-nous eu un très bref « avant-goût », et à partir de ce moment nous saurons qu'il y a quelque chose qui vaut la peine d'être cherché.

La pratique vous permettra de renouveler ces « avant-goûts » de plus en plus fréquemment, vous maintenant plus longtemps dans cet état de conscience, jusqu'à ce que vous restiez stable, libéré de l'illusion.

Mais si vous travaillez souvent avec les *mantras* comme cela arrive dans les pratiques tantriques[1], vous ne pourrez rien réaliser à moins que vous n'ayez développé un certain niveau de compassion, car l'intelligence et la compassion sont les bases de toutes les autres qualités de l'esprit et sont nécessaires pour permettre à ces autres qualités de se manifester de façon naturelle.

On peut même dire que ceci est la clef qui garantit qu'on ne puisse faire mauvais usage des *mantras* : pas de compassion, pas de pouvoir d'agir !

L'un des *mantras* les plus connus en Occident est

1. Voir « D comme Déité ».

OM MANI PADME HUNG, un *mantra* que les Tibétains ont l'habitude de répéter pendant toute leur vie. C'est un *mantra* de six syllabes ; chacune d'elles représente un des six « royaumes » d'êtres sensibles, si bien que lorsque nous disons OM MANI PADME HUNG nous nous sentons en connexion avec tous les êtres. C'est pareil que le MITAKUYE OYASIN des Indiens d'Amérique, qui a des significations variées, mais dont le sens principal paraît être « nous sommes tous parents ». D'accord avec cela, nous comprenons que tous les êtres sensibles sont un. Tout cela est en rapport avec la compassion car ce que nous faisons à un être quelconque, nous le faisons à nous-mêmes. Mais, naturellement, il est très difficile de traduire un *mantra,* puisque les syllabes se réfèrent à des symboles.

Souvent nous pouvons voir des *mantras* écrits sur des bannières de prières ou sur des morceaux de papier qui se trouvent dans un moulin à prières : cette façon de prier ne devrait pas être considérée comme une superstition mais comme une offrande adressée aux êtres sensibles environnants, du fait que les vibrations du mouvement du *mantra* – même sans le son – sont transportées par le vent dans toutes les directions.

Quand nous faisons tourner les moulins à prières qui contiennent le mantra OM MANI PADME HUNG, nous voulons dire que nous entendons partager la compassion et le sens de l'unité avec les habitants de tous les domaines d'existence ; ces êtres reçoivent alors notre intention et tous partagent la même harmonie.

Souvent un moulin à prières ou une bannière contiennent beaucoup de *mantras* divers afin d'exprimer beaucoup de qualités positives provenant de la vraie nature de tous les êtres sensibles, qualités qui pourront ainsi se manifester.

Un autre *mantra* connu des Occidentaux est OM AH HUM BENZA GURU PADMA SIDDHI HUNG, le *mantra* du cœur de Padmasambhava : OM AH HUM signifie le corps, la parole et l'esprit, BENZA GURU indique Padmasambhava lui-même, en tant que : « maître qui a la nature parfaite du diamant, pure et indestructible ». SIDDHI HUNG se rapporte à notre essence, qui est la même que celle de Padmasambhava.

Ce *mantra* est appelé « *mantra* du cœur » parce que c'est dans le cœur que nous pouvons nous relier à une telle essence.

Chaque déité en tant qu'elle-même est l'un des aspects de notre vraie nature et à son propre *mantra.*

M... comme Médecine

Notre conception de la médecine provient de la conception que nous avons de l'homme. Dans l'homme il n'y a pas de séparation entre la nature physique, la nature émotionnelle et la nature rationnelle, car toutes sont étroitement unies. C'est pourquoi nous ne nous limitons pas à l'un seulement de ces aspects lorsque nous nous préparons à soigner quelqu'un, mais nous nous adressons à tous ces aspects réunis.

Nous comptons aussi sur la nature de bouddha de notre patient, de telle façon que notre médecine peut être regardée comme un système complet qui considère l'homme sous de multiples points de vue.

Ce système prend même en considération la circulation de l'énergie subtile, les relations humaines, et ainsi de suite.

Pour cette raison, notre médecine est une science qui fonctionne en harmonie avec la religion, la philosophie, la psychologie : plus les approches sont nombreuses, plus cela donne des résultats.

C'est un peu surprenant pour les Occidentaux qui sont aujourd'hui habitués à considérer toutes ces choses comme séparées. Il n'en était pas ainsi dans le passé lorsque la médecine celtique était en relation étroite avec la spiritualité, comme cela se passe encore de nos jours chez les Indiens d'Amérique ou dans la médecine traditionnelle africaine.

Au Tibet, pratiquement tous les médecins étaient lamas, si bien qu'ils devaient s'efforcer d'agir pour le bien de tous les êtres sensibles et non en vue d'un bénéfice quelconque pour leur propre compte ; et cela avant même d'entreprendre la carrière médicale.

La médecine étant, au sens strict, en corrélation avec l'aspect de compassion de l'esprit, était toujours vue comme un service rendu à l'humanité, de telle sorte que personne ne devait payer le médecin ou les médicaments. Après un entraînement plutôt long dans un monastère, qui durait de huit à dix ans, le médecin commençait à travailler seul. Il ne travaillait ni pour l'argent ni pour la gloire, mais il agissait de façon complètement désintéressée : ainsi, un médecin tibétain ne se lamentait jamais, ne se préoccupait jamais du temps, et était disponible à n'importe quelle heure. Naturellement il devait aussi vivre, mais il ne s'en souciait pas du tout : il savait que les gens prendraient soin de lui exactement comme il avait pris soin d'eux, et, pour cette raison, les patients lui apportaient toujours un don quelconque. Les riches donnaient plus que les pauvres, lesquels, par exemple, se rendaient disponibles à certaines périodes bien précises pour aller dans la montagne et aider le médecin à récolter des herbes qu'ensuite il transformerait en remèdes.

De nos jours les médecins récoltent les herbes sur les pentes indiennes de l'Himalaya, et quelquefois aussi sur le versant tibétain, depuis qu'il y a une plus grande ouverture du pays ; mais du fait qu'ils doivent expédier leurs remèdes à l'extérieur, ils doivent se faire payer le transport aérien.

Les médecins tibétains devaient couvrir de grandes distances et ils se déplaçaient à cheval ; ils emportaient avec eux tous les remèdes possibles, ne sachant jamais quelle sorte de maladie ils auraient à combattre. Et quand on faisait appel à eux, ils venaient toujours.

Étant donné l'éloignement du malade, les Tibétains durent développer un système de suivi à distance qui était en même temps un moyen d'entrer très profondément en contact avec l'esprit du malade : peut-être qu'en Occident on appellerait cette capacité « psychométrie », du fait qu'ils se servaient d'un vêtement du patient, ou qu'ils pouvaient parfaitement l'examiner à travers l'un des membres de sa famille.

Les médecins tibétains étaient de bons professionnels, agissant avec un état d'esprit purement bénévole. Ils étaient certes poussés par la compassion, mais ils étaient également extrêmement précis et bien préparés : ils préféraient mille fois se rendre dans la montagne pour disposer d'herbes fraîches, même si cela voulait dire s'y rendre seul et puis s'en retourner faire sécher les herbes et préparer les médicaments. Aujourd'hui, par force, les choses se passent différemment, car les médicaments ne peuvent plus être pris sous forme de produits frais par des gens qui sont répartis dans le monde entier, mais il faut dire que les vieux médecins ne sont pas satisfaits des pilules : ils continuent de préférer les poudres, préparées à partir d'herbes récoltées fraîches et séchées.

Leur travail était en correspondance profonde avec les éléments, avec les énergies des lieux[1] ainsi qu'avec le temps, parce que le cycle de vingt-quatre heures voit changer l'influence des planètes sur les médicaments et sur les patients eux-mêmes toutes les deux heures. Si bien qu'à une heure il ne sera pas administré la même médecine qu'à trois heures.

Ils avaient aussi l'habitude d'examiner les personnes qui entouraient le patient, qui avaient dû s'occuper de lui et qui, au lieu de cela, auraient mieux fait de se tenir à distance. Ils réussissaient à calculer le moment exact où le potentiel du patient était le meilleur pour appliquer un traitement.

Il était parfois nécessaire d'ajouter un ingrédient spirituel afin de charger d'énergie le médicament

1. Voir « D comme Deva ».

et de le rendre plus puissant : dans ce dessein les médecins se servaient de pratiques comme la méditation, les *mantras,* les *mudras,* etc, afin que leurs préparations puissent être actives sur différents niveaux : physique, émotionnel, et ainsi de suite. Pour les Tibétains, le seul traitement du corps physique n'est pas particulièrement intéressant, puisqu'ils croient que si l'énergie demeure en déséquilibre, la maladie ne tarde pas à réapparaître.

Chaque école a son propre procédé pour préparer les pilules.

Pendant une cérémonie particulière qui agit comme rappel de la faculté de guérison de l'esprit qui se trouve en chacun de nous [1], les herbes provenant de la montagne se trouvent amassées au centre d'un *mandala* [2] : le rituel peut durer peu de jours aussi bien que quelques semaines, et, à la fin les remèdes auront acquis une certaine odeur : c'est le signe que l'énergie particulière que l'on a voulu charger au moyen des rites et des *mandalas* est présente dans les herbes. Alors les lamas transforment ces herbes en pilules qui ne seront pas particulièrement efficaces contre une maladie déterminée, mais viendront remettre d'aplomb l'état général psychophysique du patient, de sorte qu'il pourra

---

1. Voir « M comme Mantra ».

2. Voir la fonction d'un *mandala* à la lettre « M comme Mandala ».

vaincre la maladie avec ses propres anticorps et s'autoguérir.

Le XVIe Karmapa n'était pas médecin, mais c'était un être hautement réalisé et de temps en temps il préparait les « pilules noires » qui constituent un exemple de la façon dont la spiritualité et la médecine formaient une chose unique au Tibet.

Ces pilules sont vraiment spéciales, et à Rumtek j'ai pu assister à leur préparation : la chose n'arrivait pas souvent. Ce fut la septième incarnation du Karmapa qui produisit pour la première fois les pilules noires : la septième incarnation d'un *bodhisattva* reçoit une considération spéciale, du fait qu'elle démarre un nouveau cycle d'activité. C'est donc à cette époque que remonte l'origine de tous les ingrédients utilisés pour fabriquer les pilules noires, ingrédients qui sont actuellement conservés dans un reliquaire à Rumtek.

Quand il fallait renouveler le stock de ces pilules, cela réclamait la présence et la bénédiction de beaucoup de grands yogis venus de l'Inde ; depuis que nous avons quitté le Tibet, tout ceci n'est arrivé qu'une fois. Trente-quatre yogis vinrent donc à Rumtek et prirent dans le reliquaire un tout petit morceau d'une tige de plante, de consistance ligneuse mais encore verte, sans racines ni feuilles. Il ne dépassait pas six centimètres. Cette portion de tige est vraiment extraordinaire, car, de génération en génération, c'est toujours la même, et elle est toujours fraîche.

Ils coupèrent donc une partie de cette tige pour s'en servir dans la fabrication des pilules noires. Et immédiatement la tige se redressa, regagnant sa dimension précédente, si bien qu'ils purent en tailler à nouveau une autre partie pour pouvoir en faire d'autres pilules, et ainsi de suite, à l'infini. Ces yogis étaient très puissants[1]. Il y avait aussi une petite assiette qui avait appartenu à Padmasambhava[2] et qu'il avait cachée pour qu'elle soit retrouvée plus tard. Il arrive souvent que les *bodhisattvas* réalisent des enseignements très puissants, mais que les temps ne soient pas encore venus d'en faire profiter les êtres humains, de telle sorte qu'ils les tiennent cachés, parfois sous la forme d'objets qui seront retrouvés plus tard, par leur nouvelle incarnation, quand les temps seront mûrs. Ces objets ou ces enseignements sont appelés *termas*[3].

Si bien que cette assiette était probablement un *terma*, retrouvé par le VIIe Karmapa qui, en son temps, fut le premier à préparer les pilules noires. Maintenant, comme il l'avait fait durant sa septième incarnation, le XVIe Karmapa voulut donner sa bénédiction à cette assiette, placée au centre d'un *mandala* et, à ce moment, l'eau qui y était contenue

---

1. Voir « P comme Pouvoirs ».
2. Voir « B comme Bodhisattva ».
3. Voir « T comme Trésors cachés ».

se transforma en lait. Cette transformation eut lieu pendant la nuit.

Le troisième « ingrédient » est un rectangle de métal long de six centimètres, lui aussi conservé dans le reliquaire ; on dirait du fer, et c'en est probablement.

Pour la préparation des pilules, il faut que le petit morceau de tige réduit en poudre soit mis dans l'assiette de lait ; ce contenu demeure blanc jusqu'à ce que lui soit ajouté ce morceau de métal, qui transforme le liquide de couleur lactée en liquide noir. C'est pourquoi les pilules elles-mêmes sont noires. On ajoute de la tsampa au liquide noir ; la tsampa est le principal aliment des Tibétains : il s'agit d'une farine de céréales grillées.

En mélangeant tous ces ingrédients, on obtenait une sorte de pâte, que les lamas divisaient en petites pilules. Le Karmapa, au contraire, préparait personnellement les pilules plus grandes, les « pilules-mères », ainsi appelées parce qu'elles sont capables de produire d'elles-mêmes des pilules plus petites, appelées « pilules-filles » ; selon l'expérience de chacun, plus l'on donnait de pilules-filles aux malades, plus les pilules-mères produisaient de pilules-filles. Tout cela semblera étrange aux Occidentaux, mais il peut arriver, grâce à la haute réalisation du Karmapa, que l'on ne soit plus prisonnier des lois de la matière telles que nous les connaissons.

Ces pilules agissent comme une bénédiction sur

le plan spirituel en ce qu'elles peuvent nous permettre de tirer profit même de notre mort pour nous libérer des liens karmiques négatifs, mais encore d'obtenir consciemment une bonne renaissance ; cette sorte de libération est celle que nous appelons « libération au moyen du goût », du fait qu'elle se produit en avalant les pilules noires ; mais en réalité il s'agit d'une guérison spéciale : cela ne veut pas dire que nous allons ainsi devenir un bouddha, mais que nous sommes ainsi libérés de nos souffrances les plus lourdes. Il peut s'agir des souffrances physiques, ou de la peur de la mort, ou de nos tensions, de nos aversions. Il est certain qu'elles libèrent toujours de quelque chose.

Selon ceux qui ont vu les résultats de ces pilules sur les malades, elles agissent aussi sur les autres plans : la façon dont une bénédiction agit n'est pas facile à comprendre intellectuellement, en ce sens qu'une bénédiction n'est ni visible ni mesurable. Ses effets peuvent seulement être constatés. Une bénédiction est une connexion profonde entre l'esprit du maître et celui du disciple, au point que le premier transmet au second l'énergie qui peut temporairement réveiller le potentiel de transformation déjà présent dans le disciple.

Ainsi, presque toujours, le malade se relaxe énormément, s'apaise, devient calme ; les analgésiques ne sont plus nécessaires, même en ce qui concerne les maladies les plus douloureuses. Le malade est absolument conscient de tout ce qui arrive : dans

« M comme Mort et Mourir » vous comprendrez pourquoi il est aussi important de rester conscient au moment de la mort.

Bien des gens sont ensuite capables de se rétablir sur le plan physique ; ils se sentent beaucoup mieux, car leur énergie est plus équilibrée et leur esprit se trouve plus positivement orienté. Parmi ces guérisons habituelles, j'ai personnellement assisté à beaucoup de cas de rage, complètement guéris, tant chez des animaux que chez des humains, en leur administrant une pilule noire tout de suite après la morsure.

Je suppose qu'elles peuvent être efficaces aussi pour beaucoup d'autres maladies contagieuses, surtout lorsque c'est le système nerveux qui est perturbé, mais je n'en ai aucune expérience directe.

Les petites pilules noires sont vraiment minuscules : pas plus grandes que des têtes d'épingles, mais elles sont vraiment puissantes. Personne, sauf le Karmapa, qui pour l'occasion se faisait aider par ces grands yogis, n'était capable de les préparer ; toutefois, elles sont encore disponibles ici et là dans le monde, car le Karmapa en laissa une petite quantité. Il n'y a pas de contre-indication à leur usage, et elles ne sont pas seulement faites pour les mourants : on peut les administrer à tous ceux qui traversent une période difficile de leur vie, afin de les aider, car elles constituent pour nous une connexion, tant matérielle que spirituelle, avec un grand *bodhisattva.*

Les Tibétains, d'habitude, font appel à la qualité de guérison intérieure, propre à notre vraie nature ; c'est pour cela qu'ils ont développé une grande quantité de pratiques de guérison ou d'autoguérison grâce aux visualisations et aux *mantras* appartenant à différentes écoles ou à différentes lignées.

Au Tibet, les maladies qui frappaient la population étaient bien connues, tant qu'il n'y en eut pas de nouvelles. De nos jours les communications sont plus faciles, on se déplace partout, et nous rencontrons d'autres maladies que celles que nous connaissions initialement. Quand nous avons dû affronter des choses comme le sida, nos médecins ont eu une approche traditionnelle : depuis des années ils cherchent donc à mettre au point une thérapie qui puisse utiliser tant nos pratiques spirituelles que les herbes ; et jusqu'à présent, la majorité des patients qui ont commencé à se soumettre à ce traitement depuis longtemps sont encore vivants. Cela donne aux médecins un laps de temps supplémentaire pour rechercher une solution, et peut-être, petit à petit, trouveront-ils le remède.

M... comme Mort et Mourir

Ainsi que vous le savez probablement, les Tibétains sont remarquablement familiarisés avec l'idée de la mort et de mourir ; les Occidentaux n'aiment surtout pas en parler, car c'est une idée qui évoque pour eux la séparation et la douleur ; et leur peur fondamentale est qu'il n'y ait rien d'autre après la mort.

Et pourtant la mort est une certitude absolue, du simple fait que nous sommes nés ; alors ne devrions-nous pas, peut-être, nous préparer à un tel événement ? Ne croyez pas que la pensée de la mort nous rende triste parce que nous nous y sommes souvent préparés durant toute notre vie. Je dirais que c'est plutôt le contraire, car en nous rappelant que tout est impermanent nous apprécions encore plus la vie, attribuant à chaque chose sa vraie valeur, diminuant ainsi l'attachement, sans parler de la souffrance qui en découle. Ceux qui ont eu l'occasion de rencontrer des Tibétains savent qu'ils ne sont pas tristes : nous sommes plutôt connus pour notre sens de l'humour et pour notre caractère jovial.

Tout comme la vie est pour nous une série de bonnes occasions pour améliorer notre conscience, il en est de même pour la mort : nous considérons précisément le moment du trépas comme l'une des meilleures occasions d'évoluer, et nous avons développé des techniques particulières pour l'affronter au mieux.

Naturellement, ces techniques requièrent un certain entraînement, sans lequel on n'est pas capable de les mettre en pratique dans un moment aussi difficile que celui de la mort.

Il est traité de ces techniques au chapitre « P comme Pouvoirs », où il est parlé du yoga du rêve et de *powa.*

Powa est aussi le nom d'un rituel que nous pratiquons pour ceux qui se trouvent dans le *bardo*, afin de les aider à ne pas rester prisonniers d'un tel état, à ne pas y perdre leur conscience. Les lamas ont été entraînés à percevoir l'état des personnes décédées qui sont encore prisonnières du *bardo :* on peut décrire une telle perception surtout comme une connexion mentale, une espèce de sagesse ou de clarté de l'esprit qui permet au lama de sentir le contact.

Ceci n'a rien à voir avec le spiritisme occidental, puisqu'il ne s'agit pas de faire entrer tel ou tel être en contact avec nous pour satisfaire nos propres buts, mais au contraire de l'aider à poursuivre son évolution. Si l'esprit du lama est suffisamment clair et conscient, il peut, par simple contact, réveiller la même clarté et la même connaissance dans l'esprit encore prisonnier du *bardo* : celui-ci reconnaîtra alors immédiatement le *bardo* comme un état illusoire, créé par lui-même. Libérée de cette illusion, la conscience procédera naturellement à sa réincarnation, une réincarnation positive, non conditionnée par une conscience de bas niveau, ce qui serait le cas si elle s'était laissé tromper par les hallucinations du *bardo.*

Quand nous aidons un être qui se trouve dans le *bardo*, nous sentons souvent le besoin de faire plus, d'insister, et nous savons que lorsque cette perception s'arrête, c'est que la transformation a eu lieu, que la conscience s'est libérée du *bardo.*

Même si la connaissance du lama n'est pas particulièrement développée, il peut apporter de l'aide grâce au rituel de *powa.*

Cette aide est surtout apportée tout de suite après la mort, ou dans les cinq semaines qui suivent ; dans le *bardo*, le temps n'existe pas, car l'esprit est libéré du corps, libre du concept d'espace et aussi libre du concept de temps. Mais du point de vue de ceux qui se trouvent encore en ce monde, il se passe généralement quarante-neuf jours entre la mort et la renaissance suivante. Naturellement par renaissance il faut entendre ici conception.

Cette période de quarante-neuf jours n'est pas une donnée mathématique et n'est pas sans rapport avec des périodes analogues dont parlent d'autres traditions, comme la messe des chrétiens que l'on dit quarante jours après le décès. Il peut aussi arriver que l'esprit reste plus longtemps prisonnier dans le *bardo* ; là ses capacités d'apprentissage ne dépendent plus d'un cerveau physique ; elles ne sont pas non plus conditionnées par la culture ; si bien que si l'esprit est conscient, il peut apprendre beaucoup : les *bodhisattvas* sont partout et peuvent même pénétrer dans le *bardo* avec leur conscience.

Mais il peut encore arriver que la raison d'un séjour plus long dans le *bardo* soit due au fait que l'esprit n'est pas capable de se libérer de son illusion : du fait qu'il a le pouvoir de recréer les mêmes conditions qui lui plaisaient pendant sa vie dans le corps physique, il ne veut plus abandonner cet autre monde qu'il a créé lui-même.

La créativité est une qualité de l'esprit, une qualité qui continue de travailler même si le corps n'est plus présent. Supposons qu'il s'agisse de quelqu'un qui était très attaché à son travail : il recréera la même situation, il continuera à rêver l'illusion reproduisant exactement ce qu'était sa vie.

En ce cas, l'illusion est renforcée du fait qu'elle engendre du plaisir, si bien que l'esprit en question aime se maintenir à l'intérieur de son rêve. Il peut être assez difficile de contacter des êtres de ce genre, qui peuvent demeurer dans cet état pendant des années. Parfois leur esprit est heureux, parfois malheureux, exactement comme pendant leur vie ;

mais aussitôt que l'on cherche à les contacter, on sent comme un mur : ils ne veulent pas abandonner leurs vieux attachements. Au Tibet, lorsqu'il fallait aider un être dans cette situation, on pouvait demander l'aide d'un lama hautement réalisé qui, peu à peu, transmettait à cet être les instructions adéquates pour qu'il se libère de son illusion.

Durant les quatre premières semaines qui suivent le décès, l'être qui a franchi la mort sans cependant réussir à se maintenir conscient, va tourner en rond, libéré des limitations du corps, cherchant à prendre contact avec des amis, des proches, regardant ce qu'ils sont en train de faire, et ainsi de suite : c'est pourquoi durant cette période, les Tibétains ont l'habitude de prier pour aider cet être à trouver une connexion avec une conscience positive. Si nous lui envoyons de bons souhaits et des pensées positives, ceux-ci le rejoindront. Si nous produisons plein de négativité, comme par exemple de la tristesse et des pensées négatives, cela aussi le rejoindra immédiatement : son esprit n'est pas différent de ce qu'il était pendant la vie, il est seulement plus rapide.

Naturellement il n'est pas nécessaire d'être un lama pour aider nos parents et nos amis lorsque nous supposons qu'ils se trouvent prisonniers du *bardo* : tout le monde peut prier pour eux, leur souhaitant une bonne renaissance et la libération des liens karmiques. D'autres indications sur l'efficacité de la pensée se trouvent à la lettre « C comme Créativité ».

La nature des pensées que nous envoyons est très importante : nous devrions souligner le fait qu'ils peuvent maintenant faire plus attention à leur évolution spirituelle, puisqu'il n'y a plus ce corps matériel qui leur a causé tant de limitations ; nous devrions leur rappeler qu'il y a beaucoup d'esprits complètement réalisés capables de les aider et que, pour cette raison, il leur suffit d'accepter le fait que ces êtres soient là, pour eux, même dans le *bardo.*

Nous prions donc, nous faisons des offrandes, nous visualisons diverses déités ou des *bodhisattvas*, leur demandant d'œuvrer pour aider l'esprit du défunt à s'ouvrir un peu, permettant à sa conscience de s'accroître grâce à l'attitude juste qui conduit à la libération ; vous aussi, vous pouvez faire de même, mais vous devrez respecter la religion de la personne décédée. Ainsi que vous pouvez le lire à la lettre « B comme Bodhisattva », toutes les religions ont leurs saints. Le défunt pourra être aidé d'autant plus facilement que les pensées qui lui seront envoyées lui seront plus familières. Par exemple, s'il a vécu dans la tradition chrétienne, il ne faudrait pas lui envoyer une pensée aussi peu familière que celle d'un *bodhisattva* du bouddhisme, mais plutôt lui dire de s'orienter vers un point de référence chrétien, comme Jésus ou un saint.

Il y a donc beaucoup de choses que nous pouvons faire lorsqu'une personne vient de mourir ; mais il y a beaucoup plus à faire encore lorsque la mort approche.

Au Tibet il n'existait pas d'endroits comparables aux hôpitaux, si bien que les gens mouraient là où ils avaient vécu, presque toujours entourés par leur propre famille. Dans les pays occidentaux beaucoup de malades meurent loin de tout ce qui leur est familier, loin de leur maison et de leur famille ; les enfants, au-dessous d'un certain âge, ne peuvent pas entrer à l'hôpital pour voir leur grand-père mourant, si bien que le vieillard sera encore plus triste et que les enfants seront encore moins familiarisés avec la mort qu'auparavant, encore moins préparés à leur propre mort. Il est difficile de créer de meilleures conditions pour la mort à l'hôpital, du fait que tout y fonctionne d'une façon très mécanique : le réveil est à une certaine heure, les visites à une autre, et le malade doit s'adapter à ce rythme. On devrait, en réalité, faire le contraire, afin qu'une personne proche de la mort soit dérangée le moins possible.

Il existe, toutefois, certains aménagements qui peuvent être mis en œuvre aisément pour rendre plus facile le trépas d'un mourant : ainsi, comme il faudrait qu'il conserve l'esprit calme et relaxé, ne cherchez pas à le faire se souvenir de telle ou telle chose, ne lui parlez pas trop de ses enfants ou de sa femme si vous n'êtes pas complètement sûr que ces sujets ne vont pas susciter l'attachement, comme une pensée du genre : « Je vais laisser tous ceux que j'aime ; que vais-je devenir ? »

Cherchez à orienter son esprit vers des sujets présents, comme « en ce moment je suis là, et cela est bon ». On devrait être gentil avec les mourants, et toujours plein de délicatesse. Lorsqu'on est proche de la mort on devient extrêmement sensible : si quelqu'un fait ou dit quelque chose d'inopportun, les mourants en sont immédiatement bouleversés, bien plus que cela n'aurait été le cas si la situation avait été normale. Faites de votre mieux pour qu'ils soient en paix. Rappelez-vous que vous aurez besoin de beaucoup de patience pour leur faciliter toute chose en cherchant à réaliser tous leurs désirs : cela leur donnera un peu de satisfaction car ce sera la preuve que quelqu'un prend soin d'eux. Ce sentiment peut faire contrepoids à la souffrance, au point qu'ils se calmeront et trouveront la paix au lieu de se replier sur eux et de se rappeler toutes les vieilles habitudes, toutes leurs affaires ; et ainsi leur conscience ne sera pas trop perturbée.

Naturellement, pour qui a reçu des enseignements du *Dharma*, ou pour qui a suffisamment de compassion pour pouvoir affronter les souvenirs en pardonnant aux autres ainsi qu'à soi-même, il peut être positif de recevoir une aide appropriée pour regarder à l'intérieur de soi-même, en remontant dans son propre passé, car cela peut permettre alors de purifier toutes les actions mauvaises, toutes les situations négatives qui ont été vécues ; après cela le mourant sera enfin tranquille, et cela reste le point principal. Afin de favoriser une attitude positive, vous pouvez aussi expliquer un peu ce qui est sur le point d'arriver, mais seulement si vous êtes tout à fait sûr que cette personne acceptera ce que vous lui direz, autrement vous ne ferez rien d'autre que la mettre dans un état d'agitation. Par exemple, si vous savez déjà qu'elle refuse le concept de réincarnation, pourquoi devriez-vous lui en parler ?

Faites usage de votre discernement, de votre connaissance, de votre intuition, pour savoir à coup sûr de quel genre de personne il s'agit, de façon à lui apporter la sorte de soutien dont elle a vraiment besoin. S'il semble qu'elle ne soit pas capable d'affronter ses propres souvenirs en pardonnant, il vaut bien mieux empêcher que les souvenirs n'affleurent, en la distrayant avec de la musique appropriée et avec des paroles pleines de gentillesse sortant toujours du fond de votre cœur.

Si cette personne croit en quelque chose, guidez la simplement afin de ne pas créer d'attachement, de jugements, de concepts ; rappelez-lui qu'il est maintenant temps de prendre une décision, et qu'elle devrait décider de s'en aller ; si cette personne a peur qu'il n'y ait plus rien après la mort, alors tranquillisez-la : s'il n'y a rien, rien ne pourra lui arriver ! Cherchez à faire participer le mourant à son propre départ : il est temps qu'il parte, il pourrait décider de s'en aller maintenant, en se relaxant et sans s'accrocher au passé.

Les Tibétains possèdent aussi une technique qui favorise la sortie du corps quand le temps de la mort est proche ; on peut considérer cela comme une « trousse d'urgence » naturelle, ou bien ce peut être un maître qui fait fonctionner cette technique pour nous, en sorte que nous puissions trépasser en toute conscience. Cette technique se nomme *powa*, et consiste en une syllabe particulière que l'on prononce afin de projeter notre conscience hors du *chakra* coronal[1]. D'habitude on a recours à ce moyen quand on meurt seul ; on entre dans un état de méditation dans lequel on sait exactement quel est le moment où la vie se termine.

Toutes ces techniques requièrent beaucoup de pratique, il y a de quoi s'entraîner toute la vie ; pendant les entraînements nous devons faire attention à ne pas nous projeter hors de notre corps au début, car c'est une technique qui demande d'être prudent. Toutefois, ce n'est pas une pratique très difficile ni un enseignement réservé à peu d'élus, car il peut aider vraiment beaucoup au moment de la mort. Actuellement, de nombreux lamas initient les Occidentaux à cette pratique : puis, chacun obtiendra son résultat au moment de la mort, selon la façon dont il aura pratiqué.

---

1. Un *chakra* est un centre d'énergie et ledit *chakra* coronal correspond au sommet de la tête.

Quelquefois il est possible d'aider les mourants en leur parlant de tous ceux qui sont tombés dans un coma profond et en sont sortis : les livres du Dr Moody, du Dr Élisabeth Kübler-Ross, sont une véritable collection d'expériences de ce genre. Au Tibet également des expériences semblables à celles décrites dans la littérature occidentale ont été rapportées : la plupart décrivent une route de lumière que l'on peut choisir de parcourir, et de temps en temps il y a des choses obscures qui apparaissent. Ces expériences disent, elles aussi, de ne pas en avoir peur, du fait qu'elles sont créées par notre imagination elle-même.

Une fois pour toutes, sachez que tout provient de votre esprit.

Nous avons l'habitude aussi de répéter ces choses en nous adressant au défunt tout de suite après la mort, pendant les trois premiers jours, alors que l'esprit n'est pas encore complètement absorbé dans le *bardo*.

Naturellement il est difficile de le faire quand il meurt à l'hôpital, où la dépouille est immédiatement transférée ; mais on peut le faire à la maison : se rappeler que ni le temps ni l'espace ne continuent d'exister pour la conscience une fois qu'elle est libérée du corps physique.

Ces instructions sont souvent transmises par un contact d'esprit à esprit : il n'y a pas besoin d'utiliser la parole, à moins que cela ne vous aide à mieux vous concentrer si vous n'êtes pas habitués ou si vous êtes incapables de focaliser votre esprit sur une pensée unique.

M... comme Mudra

Les *mudras* sont des gestes symboliques qui sont exécutés durant les pratiques et que l'on voit très fréquemment représentés dans les peintures et sur les statues.

Toutefois ils ont aussi une fonction propre lorsqu'ils sont exécutés par ceux qui pratiquent, puisqu'ils sont capables d'améliorer la circulation subtile dans notre corps et permettent ainsi de donner ou de recevoir de l'énergie. Par exemple lorsque vous êtes en contact avec votre esprit profond [1] il y a des *mudras* aptes à améliorer ce contact, à vous rendre plus réceptif à vous-même, et par conséquent, du fait que nous désirons partager avec les autres ce que nous avons reçu de l'intérieur, il y a des *mudras* capables de mieux le transmettre. Les *mudras* sont un autre moyen que nous utilisons simultanément aux *mandalas* et aux *mantras* pour améliorer notre méditation.

1. Voir « M comme Mantra ».

N... comme New Age

Il est vrai que bien souvent les lamas tibétains n'aiment pas entendre parler du New Age, puisque sous ce terme se regroupent, en une énorme confusion, bien des mouvements et bien des inventions commerciales qui n'ont rien à voir avec le développement spirituel ; mais en un certain sens l'ensemble du New Age est assez positif en ce qu'il apporte une vaste opportunité de rencontrer des personnes qui ont commencé à penser qu'il était possible de changer, et cela grâce à ce mouvement. Sans le mouvement New Age, peut-être toutes les portes seraient-elles closes ; et si le Bouddha lui-même se trouvait ici et cherchait à dire quelque chose, personne ne serait là pour l'écouter, puisque la majorité des gens ne serait pas prête à accepter de lui prêter l'oreille.

On pourrait dire que même ceux qui ne disposent pas d'un *karma* passé qui les pousse à une recherche intérieure, même ceux-là peuvent maintenant avoir l'occasion de commencer à construire un nouveau *karma* positif, à établir de bonnes connections pour leur avenir : tous ont la même nature profonde, intelligente, et le fait qu'il y ait beaucoup de clés disponibles pour commencer son propre chemin est utile, car ces différentes clés peuvent stimuler des personnes différentes et continuer à les aider sous forme de connections positives dans leurs prochaines vies.

Pour prendre l'exemple du bouddhisme, grâce à l'ouverture générale créée par le mouvement New Age, beaucoup d'Occidentaux viennent demander qu'on leur enseigne le *Dharma.* On peut imaginer que beaucoup d'entre eux ont des connections karmiques passées avec les enseignements du Bouddha, mais beaucoup se les sont créées maintenant.

Le mouvement New Age est comme une ouverture de base qui fait en sorte que les gens puissent pousser plus loin leur propre recherche : leur esprit est à la recherche de quelque chose, ils sont intelligents et ils trouveront quelque chose de significatif dans le bouddhisme par exemple. Ou bien ils trouveront quelque chose qui leur soit plus adapté dans une autre tradition, puisque la vérité est partout. À partir de quoi ils poursuivront et pourront alors se développer vraiment.

L'unique danger est de continuer à butiner d'une fleur à l'autre sans jamais choisir une voie précise et sans jamais s'impliquer vraiment dans la voie que l'on a choisie ; en ce cas, tous les stages et tous les livres se transforment simplement en une distraction extérieure pour l'esprit, une bonne raison pour ne pas se plonger dans une recherche plus profonde ; il peut aussi arriver que quelqu'un décide de s'impliquer à fond dans une voie, qu'elle soit bouddhiste ou non, cela n'importe pas, et puis à peine cette voie commence-t-elle à être un peu difficile, celui-là retombe dans le New Age : voilà pourquoi beaucoup de lamas pensent que ce mouvement est porteur de plus d'inconvénients que d'avantages.

Mais, personnellement, je préfère en souligner l'aspect positif : les gens deviennent plus ouverts, commencent déjà à l'intérieur de ce mouvement à recueillir beaucoup de bons enseignements, et leur ouverture s'accroît encore. C'est un peu comme une bibliothèque : il faut d'abord rassembler beaucoup de livres afin de pouvoir, plus tard, choisir celui qui sera utile.

N... comme Nom

Quand on entre dans une tradition pour en faire partie, d'habitude on nous donne un nom ; cela arrive aussi chez les chrétiens puisque le baptême est la marque de notre entrée dans une communauté de personnes de la même religion, communauté qui devra nous soutenir dans notre croissance spirituelle. Cette communauté prend le nom de *sangha* chez les bouddhistes et, selon les enseignements du Bouddha, elle est très précieuse pour notre développement, tout autant que les enseignements (*Dharma*) et que notre vraie nature (bouddha).

Un nom sert aussi à indiquer notre propre changement : d'après les chrétiens, le baptême purifie l'homme du péché originel, ce qui permet de commencer sa vie en étant complètement renouvelé.

Pour nous un nom représente notre retour une fois de plus dans ce monde et préfigure ce que nous ferons dans cette vie. Un nom veut toujours dire quelque chose, et il est toujours de bon augure : généralement, notre activité durant la vie devrait lui correspondre.

Cela n'arrive pas nécessairement dès le début, mais au fur et à mesure que l'on pratique, on commence à « devenir » ce qu'indique notre nom. Par exemple, Jig-me-la veut dire « sans peur », mais en réalité on peut aussi comprendre le sens de « stable ». J'ai donc su dès le début que je devrais réaliser un esprit stable. Au sujet de la stabilité de l'esprit vous trouverez d'autres renseignements à la lettre « E comme Émotion ».

On change aussi de nom quand on entre dans un ordre monastique du fait que l'on renonce à tout et que l'on commence une nouvelle vie : quelquefois nos noms monastiques sont un peu longs, car ils renferment des informations très importantes sur ce que nous accomplirons avec le temps. Mon nom monastique est Karma Droup Gyu Guendun Gyamtso. Karma se réfère à l'action, Droup signifie la perfection de la pratique [1], Gyu signifie la lignée. La première partie de ce nom dit donc que je devrais réaliser toutes les pratiques de la lignée Karma. Guendun Gyamtso veut dire : « pour le développement d'un océan de personnes ». Mais quand nos maîtres nous donnent un nom ils n'en

1. Voir « I comme Intégration et Pratique ».

expliquent jamais le sens, si bien que nous devons en avoir l'intuition tout seuls.

Il ne m'a jamais été dit quelles actions je devrais accomplir ni comment je pourrais aider autant de personnes sur leur chemin spirituel.

Quand nous attribuons des noms à ceux qui entrent dans notre tradition, ces noms émergent spontanément, apparaissent dans l'esprit du lama et se trouvent immédiatement transcrits.

À cause de la structure de notre langue, un nom peut avoir beaucoup de significations diverses, et chacun découvrira peu à peu en quoi telles significations correspondent à sa propre vie.

Personnellement je ne sais pas quelle profondeur devront atteindre les pratiques auxquelles se réfère mon nom, mais de toute façon il se trouve que j'ai une propension naturelle à la pratique. Peut-être est-ce dû à une capacité acquise dans le passé, du fait que Guendun signifie aussi « lien » : lien karmique passé, mais aussi un lien augural. On peut dire que dans une vie précédente j'ai fait des souhaits très forts pour amener à leur perfection les pratiques visant au bien des êtres sensibles ; et c'est peut-être pour cela qu'il m'arrive aujourd'hui de pratiquer avec autant de facilité. Peut-être était-ce cela que le Karmapa souhaitait quand il m'a donné ce nom, ou bien savait-il avec précision ce que je ferais plus tard dans ma vie.

D'habitude, dès que nous entrons dans les ordres et que nous recevons un nouveau nom, plus personne n'utilise l'ancien ; c'est ainsi qu'en Inde tout le monde m'appelle par mon nom de moine. Mais, en Occident, ce qui compte c'est le passeport qui a été établi par les autorités bhoutanaises en mon absence, si bien que je n'ai pas pu le contrôler : il manquait ma date de naissance et mon nom en entier ; il demeurait seulement celui que m'avaient donné mes parents ; voilà pourquoi en Occident on m'appelle Jigmela !

O... comme Oracle

Les oracles sont très fréquents au Tibet et tous sont reconnus et honorés officiellement.

Les oracles sont des esprits qui utilisent des personnes en état de transe. De telles personnes peuvent être remplacées après un certain nombre d'années, et elles doivent sans aucun doute l'être quand elles meurent.

Quand cela est nécessaire, elles deviennent « habitées » par certains êtres désincarnés doués de grands pouvoirs : dans « F comme Folie » vous pouvez lire l'exemple du pratiquant désincarné doté de pouvoirs qui, ayant perdu la compassion dans la confusion du *bardo*, « habite » temporairement un être humain et le rend fou. Si cependant il reçoit ensuite l'aide d'un maître qualifié qui lui permet de retrouver son propre esprit compatissant, par gratitude il donnera son aide par l'intermédiaire d'un oracle.

En restant en contact avec des grands lamas et en contribuant à leur œuvre, cet être aussi se développe toujours plus, dans le sens de la compassion et de la sagesse absolue.

Son esprit n'est pas limité par un corps, par le temps ou par l'espace, et ainsi peut-il voir plus loin et mieux que nous.

O... comme Ovni

Selon les enseignements du Bouddha, la vie est partout, et nous ne devrions donc pas croire que cette planète soit la seule à abriter une forme de vie intelligente.

Non seulement la vie est présente sur beaucoup de planètes, mais encore sur bien des plans divers, car il y a des formes de vie plus subtiles que la nôtre et que nous ne sommes généralement pas capables de voir.

Selon les Tibétains, il faut s'attendre à des visiteurs d'autres planètes, lesquels, dit la tradition, viendront à bord de roues volantes. Il y a quelques siècles, les Tibétains pensaient que cela faisait référence aux Indiens, lesquels sont représentés sur des chars ayant des roues métalliques, traînés par des chevaux ; et, en fait, on peut supposer que ces représentations picturales ne sont autres qu'une antique méthode pour nous rappeler des rencontres avec des êtres d'autres planètes venus sur des astronefs. Le fait que ces chars soient traditionnellement représentés avec des roues de métal est curieux, puisque dans l'Antiquité les roues étaient faites en bois.

La tradition tibétaine ne fait pas référence à de telles rencontres passées avec des êtres de ce genre, mais c'est plutôt depuis quelques années qu'un tel événement se trouve attesté.

De tels contacts avec des êtres d'autres plans ou d'autres planètes font aussi partie de la tradition de Shamballa. Selon nos enseignements, Shamballa est un monde d'êtres très évolués, caractérisés par une très haute élévation spirituelle ; notre planète cache dans un lieu tenu secret une « ambassade » de ces êtres, et de temps en temps quelque grand maître entre en contact avec eux et en rapporte de précieux enseignements, comme cela arriva à Padmasambhava, le grand *bodhisattva* qui apporta le bouddhisme au Tibet : cela est raconté dans un texte intitulé *Pema Katang.*

Parmi les enseignements qui proviennent de Shamballa, il y a celui de *Kalachakra* : la pratique, la méditation, qui permettent de se libérer rapidement de la souffrance consécutive au concept de temps et de réaliser l'état de *bodhisattva*[1].

---

1. Kalou Rinpoché, ainsi qu'on peut le lire dans *Kalachakra* (éd. Marpa, Château de Plaige, La Boulaye) a dit que ces enseignements ont été demandés par Daoua Sangpo, roi de Shamballa, au Bouddha Sakyamouni pour aider particulièrement les êtres de la difficile période historique actuelle.

Padmasambhava et les autres grands êtres ne sont plus limités par le corps physique, si bien que le plan dans lequel ils vivent ne devrait pas être vu comme un lieu physique ; nous l'appelons, traditionnellement, « la terre de la vision pure », car c'est un état de pure conscience. On ne peut pas dire qui se trouve ici ou là, il n'y a pas de limitation d'espace ou de temps. Il y a des mondes physiques et des mondes plus subtils, où la matière vibre si rapidement qu'en réalité elle devient esprit : même la discrimination habituelle entre l'esprit et la matière n'est pas autre chose que divers taux vibratoires de la même énergie. On peut prendre l'exemple de trois choses : la glace, l'eau et la vapeur d'eau : la seule différence est la vitesse de vibration des molécules, qui sont toujours des molécules H_2O.

Tous ces mondes, les physiques comme les plus subtils, sont des lieux de renaissance. Cela dépend du niveau de réalisation de l'esprit et de la sorte d'expérience qui se révèle nécessaire pour apprendre quelque chose d'autre. La façon dont nous naissons dans les mondes plus subtils n'a rien à voir avec la façon dont nous venons sur cette Terre, au moyen d'un corps issu d'une mère, etc. Il y a des mondes gouvernés par des lois que nous ne connaissons pas.

Mais ce qui est certain c'est que chaque monde est un lieu de renaissance, et quand nous pensons agir pour le bien de tous les êtres, nous faisons aussi référence à tous les êtres qui vivent dans les autres mondes.

Le Bouddha Sakyamouni a même dit que chacun de nous a eu tellement de réincarnations que chaque être vivant a été notre père et notre mère[1].

---

1. Voir « R comme Réincarnation ».

P... comme Pouvoirs

Malgré les légendes qui décrivent les lamas tibétains comme doués de très grands pouvoirs, en réalité, la majorité d'entre eux sont des personnes tout à fait normales. Et quand bien même ils auraient des pouvoirs spéciaux, cela ne dépend pas du fait d'être tibétain où d'être lama, mais du fait que ces hommes ont réalisé un très haut degré de conscience, si bien qu'ils sont libérés des phénomènes physiques. Ces soi-disant « pouvoirs » ne sont pas une forme d'énergie particulièrement puissante que ces personnes possèdent et pas nous, mais une plus grande liberté eu égard aux limites humaines habituelles.

Pour donner seulement un exemple assez récent, pendant la révolution culturelle, au Tibet, beaucoup de lamas furent emprisonnés parce qu'ils représentaient une culture spirituelle qui n'était pas admise par les Chinois ; certains avaient atteint un très haut niveau de réalisation à tel point que nous pourrions dire qu'ils « acceptèrent » de rester en prison. En réalité ils étaient capables de s'en aller quand ils le voulaient, et je ne veux pas dire en utilisant le fameux « second corps », que les Occidentaux appelleraient « corps astral », mais qu'ils étaient capables de s'en aller avec leur corps physique, sans se soucier des murs et des serrures.

Cela n'a rien à voir avec la magie puisque la magie a toujours un rapport avec quelque chose que l'on désire obtenir pour soi [1] ; au contraire cela est en rapport avec leur développement intérieur.

Je veux dire qu'ils n'ont jamais cherché à obtenir un pouvoir d'un genre quelconque ; simplement, ces capacités se manifestent d'elles-mêmes lorsqu'il n'y a plus d'attachement dans nos rapports avec les choses physiques. Lorsqu'on se libère de cet attachement, toute la prétendue « réalité » physique se montre telle qu'elle est : une pure création de notre esprit, privée d'auto-existence, vide. La différence entre un être réalisé et un être qui ne l'est pas encore réside précisément dans le fait que le premier est conscient du pouvoir créatif de son esprit, si bien qu'il est un créateur responsable ; au contraire le second n'en est pas conscient et croit encore que la création a une existence indépendante, il pense ne rien pouvoir faire pour la changer,

1. Voir « M comme Magie ».

de sorte qu'en réalité il est prisonnier de sa propre illusion.

Les lamas dont je parle étaient très affaiblis, au point que leur vie physique était extrêmement difficile en prison, tout au moins de notre point de vue. Mais bien que faibles, personne n'aurait pu les y maintenir sans qu'ils ne soient d'accord, puisqu'ils avaient le pouvoir de créer une réalité physique différente.

Voyant les choses avec une équanimité absolue, étant libérés de toute illusion, il n'y avait pour eux aucune souffrance dans l'état de prisonnier ; aussi ce n'était pas une punition, et même leurs persécuteurs ne pouvaient rien contre eux. Pour ces lamas il n'y avait aucune différence entre la prison et un palais magnifique, et c'est cette qualité de leur esprit qui les rendait forts. C'est cela qui était leur pouvoir.

Ne vous attendez pas à des personnages du genre Superman : certains lamas sont physiquement robustes, d'autres physiquement faibles, tous ont des manières douces ; et, par-dessus tout, leur esprit est complètement libéré de quoi que ce soit de conditionné. C'est le point principal : être libéré de tout conditionnement ne signifie pas ne plus rien ressentir, au contraire, ils ressentent une grande compassion et ils œuvrent pour tous les êtres vivants.

Pour devenir ainsi, ils ont fait une grande pratique intérieure et peu à peu leur esprit est devenu plus clair, capable de comprendre le sens de toute chose, du fait qu'il est devenu un avec la sagesse même, qui est une qualité de la nature profonde et innée de tous les êtres sensibles.

La sagesse leur permet de voir toute chose comme une expérience intéressante, positive, opportune, au lieu de la juger en fonction des catégories de notre personnalité conditionnée.

Parmi les fameux « pouvoirs » des Tibétains, il y a la capacité de supporter des températures très basses ou très élevées : cette faculté (appelée *tumo*) était très utile dans les lieux de retraite de l'Himalaya, mais en réalité le but des lamas n'était pas d'obtenir ces pouvoirs.

Le *tumo* est une pratique assez profonde, dans laquelle on apprend à diriger son énergie dans le canal central (nous appelons « canaux » les voies de circulation de l'énergie subtile) grâce à la visualisation d'une certaine forme d'énergie, dans le but de conserver une position parfaite pendant la méditation : cela rend l'esprit du méditant plus clair et lui permet de réaliser plus rapidement la vraie nature de son esprit.

Cela réchauffe le corps, mais ceci est un résultat secondaire que les lamas ne cherchent pas vraiment ; on devient si chaud que, si l'on est assis sur la neige, on peut la voir fondre tout autour de soi.

Un autre fruit secondaire est que l'on peut supporter une température très haute : Archie Fire Lame Deer, un sage indien d'Amérique, raconte qu'il avait invité une fois le XIVe dalaï-lama à une cérémonie privée dans la hutte à sudation et qu'il avait intentionnellement porté la température à un très haut degré, pour voir comment le dalaï-lama réagirait. Il fut stupéfait de constater que pas même une goutte de sueur ne sortait du corps de Sa Sainteté en méditation, mais qu'aussitôt qu'ils furent sortis tous les deux de la tente, le dalaï-lama commença à suer de l'eau par tous les pores.

Tous ces « pouvoirs » n'ont aucun intérêt pour qui cherche la vérité, car ils font encore partie de l'illusion. Par conséquent, en réalité, on ne les recherche jamais, mais ils se manifestent par eux-mêmes comme des fruits secondaires le long du chemin spirituel, tout à fait comme les moines deviennent solidement musclés à cause de toutes les prosternations qu'ils font, alors que la raison pour laquelle ils se prosternent n'est pas de se faire des muscles. Ils se prosternent pour augmenter leur confiance, leur dévotion : l'attitude de leur esprit diffère totalement de celle du gymnaste qui s'entraîne pour obtenir une plus grande force physique.

Un autre fruit secondaire provient du *yoga du rêve*. Cette pratique enseigne à rester conscient pendant que l'on dort, afin de comprendre que nos rêves sont seulement des rêves. Ce qui veut dire que vous rêvez, tout en sachant que vous rêvez. Cette faculté permet de reconnaître l'illusion lorsque nous la rencontrons, et de ce fait de la reconnaître quand nous serons dans le *bardo*, cet état hallucinatoire entre la mort et la vie suivante, tout autant que dans la « réalité » quotidienne illusoire, où les sensations physiques, comme tout le reste, sont créées par notre esprit. C'est en reconnaissant cela que nous obtiendrons la libération.

Cette pratique, d'habitude, s'exécute juste avant de s'endormir et continue durant le sommeil. En réalité, c'est votre corps qui dort, mais votre esprit est conscient. Aussi, si vous rêvez, vous comprenez qu'il s'agit d'un songe et vous en êtes le maître, exactement comme lorsque vous regardez un film en sachant que c'est un film. Par exemple, vous pouvez essayer de diriger votre rêve, et continuer cet entraînement jusqu'à ce que votre esprit soit conscient vingt-quatre heures sur vingt-quatre ; dès lors vous pourrez agir à tout moment pour le bien des êtres vivants. Il existe un niveau plus élevé de pratique où l'on réussit à relaxer l'esprit et à le libérer du corps sans s'endormir, mais cela n'est pas une pratique commune.

Le *yoga du rêve* est enseigné pendant les retraites : il ne s'agit pas d'un enseignement réservé à un petit nombre, mais néanmoins ce n'est pas un enseignement donné à un large public, parce que le maître doit être bien certain qu'il n'en sera pas fait mauvais usage.

Par exemple, si quelqu'un n'a pas suffisamment développé la compassion, il ne s'en servira pas pour la juste cause, qui est le bien des autres, mais il pourrait s'en servir dans un but égoïste, créant ainsi pour lui-même un *karma* négatif ; en outre, même son maître en serait responsable, c'est pourquoi il doit être suffisamment sage pour savoir qui peut recevoir un enseignement ou non.

Il semble impossible d'utiliser pour le mal un enseignement comme le *yoga du rêve*, mais en réalité, tout peut être utilisé pour le mal : imaginez que votre esprit soit conscient, complètement libéré de votre corps ; imaginez que vous ne soyez pas assez mûr... Votre esprit pourrait très bien être mû par la curiosité, aller se promener, et mettre son nez dans la vie privée des autres.

Il existe aussi une sorte de yoga du corps, qui ressemble un peu au *hatha yoga* indien, dont le but est de maintenir celui qui pratique en bonne santé, de lui conserver une bonne qualité d'énergie, afin de lui permettre d'avoir l'esprit clair pendant la méditation. Mais les Tibétains ne s'attachent pas spécialement à l'activité physique, si bien que ce yoga n'est pas pratiqué aussi couramment que le *hatha yoga* en Inde.

Presque toutes les informations reçues par les Occidentaux sur les prétendus « pouvoirs » des Tibétains sont le fruit des livres de Lobsang Rampa : quand je les ai lus, je pensais que l'auteur avait un but caché, car ce qu'il raconte est presque toujours vrai symboliquement, mais tout à fait exagéré. Nous aussi, nous utilisons des symboles, et ceux-ci sont souvent exagérés. Par exemple, regardez les peintures traditionnelles de Mahakala : je ne crois pas que le vrai Mahakala historique ait été ainsi !

Rampa dit qu'il a pu transmigrer de son corps précédent afin d'en prendre un nouveau : du point de vue historique, cette faculté est admise officiellement, mais on considère qu'il s'agit d'une technique qui a été perdue depuis l'époque de Milarépa. De ce fait, il est un peu difficile de croire que Lobsang Rampa soit à même de s'en servir encore.

Selon la lignée des enseignements *Kagyu*, le dernier à disposer de ce pouvoir fut le fils de Marpa, le maître de Milarépa. Celui-ci était tombé de cheval, et son corps était près de mourir ; il ne réussit à trouver aucun corps humain disponible et il décida donc de transmigrer dans le corps d'un pigeon, de se rendre en Inde et arrivé là de trouver un corps indien.

Dans le passé, ces techniques étaient probablement assez communes, puisqu'on rapporte le cas d'un autre yogi indien, Thampa Sangyé, qui se rendit au Tibet et y donna beaucoup d'enseignements. Il est décrit comme un très bel homme, d'origine noble et donc d'une position sociale élevée ; une fois, il devait transmigrer dans un autre corps en quittant un instant son propre corps. Mais il advint qu'un autre yogi, qui n'était pas beau du tout, vit le beau corps de Thampa Sangyé : il y transmigra, laissant sur place son vieux corps.

Quand Thampa Sangyé revint, il ne trouva plus son corps, et il n'y eut rien à faire : il fut obligé de transmigrer dans le vilain corps.

Ainsi, ce que raconte Lobsang Rampa est possible d'un point de vue technique, mais difficile à croire.

Probablement Lobsang Rampa voulait-il montrer ainsi à quel point l'esprit humain est puissant : et si c'était bien cela son but, alors il a fait un bon travail.

Il décrit aussi une opération pour ouvrir le troisième œil, opération qu'il faudrait considérer en un sens purement symbolique : le troisième œil est un *chakra*, et aussi le symbole de la sagesse ; si bien que lorsque l'on dit que quelqu'un devrait ouvrir le troisième œil, cela veut dire qu'il devrait réaliser sa propre nature qui est la sagesse, et voir à quel point la prétendue réalité, créée par notre esprit, est vide d'existence propre.

Une opération physique, comme celle qu'il a décrite, n'a rien à voir avec la réalité subtile d'un *chakra* ; on pourrait imaginer un guérisseur, capable de voir les *chakras* et les canaux internes dans lesquels s'écoule l'énergie subtile ; on pourrait l'imaginer en train de nettoyer ce *chakra* en imposant les mains ; mais cela n'a vraiment pas de sens de faire une opération physique sur une réalité non physique.

Par exemple, pendant les initiations, il arrive quelquefois que le lama vous touche à l'emplacement du troisième œil ; c'est une façon symbolique d'indiquer que l'enseignement que vous êtes en train de recevoir et la pratique que vous ferez ont le pouvoir d'ouvrir votre esprit à la sagesse.

Il arrive aussi, cependant, qu'un maître hautement réalisé puisse vous transmettre directement les semences de sa propre réalisation en vous touchant de cette façon. On peut dire qu'il se sert de votre énergie subtile et fait en sorte que votre esprit rationnel conditionné se mette un peu en retrait pendant une fraction de seconde, si bien qu'il devient possible de travailler avec votre nature profonde, ou avec votre cerveau intuitif. Les graines que vous recevez de cette façon mûriront probablement plus tard, quand certaines circonstances de votre vie se présenteront : alors vous découvrirez pour de bon ce que le maître vous avait donné bien des années auparavant.

Parmi les fameux « pouvoirs » il y a encore la lévitation, qui n'a rien à voir avec l'image si répandue d'un lama flottant dans l'air ! La lévitation se produit pendant certaines pratiques et certaines méditations où le pratiquant apprend à contrôler son souffle ; cela est en rapport avec ce que l'on appelle « les pratiques de longue vie » [1] et d'autres pratiques qui ont pour but d'équilibrer

---

1. Dans les pratiques de longue vie on ralentit le processus de vieillissement en renouvelant l'énergie subtile et l'oxygène du sang grâce à un type particulier de respiration.

notre énergie pendant la méditation, afin d'être plus lucide.

Le yogi effectue donc parfois ce qu'on appelle « le saut de lévitation » pendant lequel il rassemble son énergie dans le canal central et saute assez haut tout en conservant la position du lotus ; de là il redescend pratiquement tout de suite, plutôt pesamment.

La forme de lévitation la plus surprenante est peut-être celle pratiquée par deux nonnes de ma famille, toutes les deux sœurs de mon bisaïeul. On les a vues marcher en état de méditation sur le toit en terrasse de notre maison, haute de trois étages, et puis sauter dans la cour centrale, atterrissant lentement comme des plumes. La plus âgée était la plus expérimentée, et elle était capable d'atterrir plus lentement et avec plus de légèreté que sa sœur.

L'une et l'autre avaient l'habitude de répéter cet exercice pendant leur retraite, comme un test pour comprendre à quel niveau elles étaient arrivées dans le contrôle du souffle. Elles le faisaient en privé, mais une fois, croyant qu'il n'y avait personne à la maison, elles furent vues par un témoin.

Et puis il y a ce qu'on appelle « les lamas invisibles ». Selon le bouddhisme, tout est créé par notre esprit et rien ne jouit d'une existence indépendante de ce même esprit. Nous appelons ce concept « la vacuité ». Mais, même si nous pouvons en avoir une compréhension intellectuelle, cela ne veut pas dire que nous la réalisons. Imaginez maintenant pendant un minuscule instant que vous réussissiez à réaliser ce concept : si lorsque vous réalisez la compassion vous devenez la compassion, de la même façon, lorsque vous réalisez la vacuité vous devenez la vacuité, cela veut dire que vous ne vous accrochez plus aux formes. Vous devenez donc sans forme, et par conséquent invisible.

Le corps est une création de l'esprit, donc si nous réalisons la vraie nature de l'esprit nous pourrons dissoudre le corps ; et notre entraînement à toujours dissoudre les visualisations nous prépare aussi à dissoudre, un jour, les choses qu'aujourd'hui nous croyons douées d'une existence indépendante.

Ce « pouvoir » peut être montré ouvertement dans un but bien précis, comme dans le cas raconté par le lama Ole Nydal. Dans son autobiographie *la Voie de Diamant*, le lama Ole raconte avoir rencontré au Népal un lama capable de devenir invisible. À cette époque le lama Ole était encore un Européen jeune et confus, mais il dit que cet événement le frappa profondément, et qu'il fut l'un de ceux qui changèrent le cours de sa vie. Ce « pouvoir » peut aussi se manifester spontanément, de la même façon que celui qui a réalisé la compassion agira avec compassion tout naturellement.

Au Ladhak, pendant une cérémonie de la Coiffe Noire[1], je me rappelle que beaucoup purent voir

1. Voir « K comme Karmapa ».

le XVIe Karmapa devenir sans forme, tel une grande lumière blanche sous la Coiffe. Et, au même moment, alors qu'il y avait un grand nombre de musulmans, venus seulement pour la fête, beaucoup d'entre eux réussirent à voir, à l'intérieur de la lumière blanche, un homme âgé, avec une barbe blanche, un oiseau sur l'épaule droite et un petit couvre-chef musulman sur la tête.

N'ayant pas réalisé la nature sans forme de l'esprit, tout un groupe, sous l'influence conditionnante de sa propre culture, bien qu'incapable de concevoir le Karmapa sans forme, réussit à le concevoir sous une forme différente.

Peut-être cela fut-il un message pour tous ceux qui étaient présents : le bouddhisme et l'islamisme ne sont autres que des formes différentes de la vérité sans forme.

P... comme Prophéties

Selon beaucoup de prophéties, nous sommes dans l'attente d'une période particulière dans laquelle de nombreux *bodhisattvas* devraient paraître sur notre planète : on dit symboliquement qu'ils seront mille, ce qui veut dire qu'en réalité ils viendront en grande quantité.

Une telle prophétie ne veut pas dire qu'aujourd'hui il y ait plus de *bodhisattvas* qu'auparavant, mais probablement que de nos jours on peut savoir où ils se trouvent et comment ils agissent, les communications étant plus faciles. Nous pouvons en fait constater qu'il y a beaucoup de personnes qui agissent poussées par la compassion, par ce qu'on appelle « esprit de service », et qui, certainement, reviendront encore et encore pour aider les autres êtres sensibles. Ces personnes appartiennent à des traditions qui diffèrent beaucoup entre elles, mais elles agissent en réalité à l'unisson. Beaucoup sont capables de rassembler autour d'elles un grand nombre de gens qui, le temps venu, réaliseront la compassion ; c'est ainsi que nous pouvons assister à un effet « boule de neige ».

Une autre prophétie parle d'un temps où apparaîtront beaucoup de nouvelles maladies ; nous sommes probablement en train de le vivre, puisqu'il y a le sida et d'autres maladies possibles qui viendront de certaines manipulations génétiques. Jusqu'à présent il y avait des pathologies qui ne pouvaient pas se transmettre des animaux aux humains, et vice versa. Les scientifiques devraient prendre sérieusement en considération les risques qu'ils font courir à l'humanité : en introduisant des gènes humains dans des corps d'animaux dans le but d'obtenir des organes transgéniques pour les transplantations, il peut arriver que les virus hôtes de l'animal « apprennent » à fonctionner également dans des hôtes humains.

Cette prophétie du Bouddha parle d'un temps de grande destruction causée par les éléments, le vent, l'eau, le feu, les tremblements de terre et ainsi de suite. En réalité nous avons tellement altéré l'équilibre planétaire que nous devons affronter la pollution, les pluies acides, les inondations dues à nos interventions sur l'environnement, les altérations climatiques causées par ce que nous brûlons dans l'atmosphère et la désertification qui provient de la façon dont nous traitons nos forêts.

Parmi tout ce à quoi nous devons nous attendre, il y a une espérance de vie plus brève, beaucoup de luttes et de problèmes de tous genres.

Tout cela est en rapport avec ce que nous sommes en train de faire maintenant, mais il s'agit aussi d'un *karma* collectif passé très lourd : toutefois, le *karma* peut être dissous par la compassion et la claire lumière.

Il va de soi que dans une période si difficile, beaucoup de *bodhisattvas* sont disponibles ; il y a un grand nombre de personnes qui souffrent et que les *bodhisattvas* peuvent aider indirectement ; en même temps, cette grande souffrance fait que nous réagissons et que nous cherchons plus attentivement un moyen d'en sortir ; nombreux sont alors ceux qui demandent spontanément l'aide directe des *bodhisattvas.*

Grâce à la présence d'autant d'êtres compatissants, ce monde ne se détruira pas entièrement. Plus tard, selon notre tradition, paraîtra Maitreya ; c'est le futur Bouddha, exactement comme le Bouddha Sakymouni est le Bouddha présent. Mais tant que le cycle des enseignements de ce dernier n'aura pas été achevé, aucun autre bouddha n'apparaîtra à l'intérieur de la tradition bouddhiste[1].

Actuellement il y a beaucoup de désordres sociaux, de guerres, de maladies. Mais tout cela devrait pousser les gens à désirer sortir d'une telle souffrance, et peu à peu nous pouvons commencer à nous attendre à un changement positif. Nous ne sommes pas des tenants de la fin du monde.

---

1. Voir « B comme Bodhisattva ».

P… comme Prosélytisme

En général, dans le bouddhisme, le prosélytisme ne peut pas exister. En fait, puisque tout à la nature de bouddha, comment serait-il possible de soutenir que nous sommes les meilleurs ?

Toutes les voies sont également bonnes, si l'on sait comment en faire usage. Et lorsqu'il en est fait mauvais usage elles sont toutes également négatives en apportant de la souffrance et de la confusion.

Les écoles bouddhistes qui se présentent comme ayant un caractère prosélyte se servent, à la fin des fins, de ce système comme d'un moyen habile pour amener au *Dharma* ceux qui ont encore besoin de se sentir spéciaux, meilleurs que les autres. En dernière analyse, même ceux-là découvriront que toutes les voies sont également bonnes si l'on en fait un juste usage.

R… comme Réincarnation

Une partie de cette question a été traitée dans « K comme Karma » et dans « T comme Tulkou », c'est pourquoi nous chercherons seulement ici à donner une idée générale de ce sujet.

Nous devons tous nous réincarner, parce que la réincarnation est une propriété de l'esprit. Mais plus nous réalisons la vraie nature de cet esprit, moins nous sommes conditionnés par nos actes passés, par notre *karma*, lorsque vient le moment de se réincarner, et cela jusqu'à ce que nous atteignions un niveau de développement intérieur qui nous permette de choisir *si*, *quand*, et *où* nous voulons nous incarner. Mais à ce niveau-là de développement, nous aurons réalisé une autre qualité de la vraie nature, c'est-à-dire la compassion ; si bien que nous ne prendrons pas nos décisions sur la base d'un intérêt personnel, mais en fonction de ce qui est le plus utile pour le bien de tous les êtres vivants. Celui qui a atteint ce niveau de développement est appelé *bodhisattva*, et il est un avec tout ce qui vit.

Ceux qui sont encore loin de ce niveau ont encore beaucoup d'obstacles entre ce qu'ils comprennent et la vraie nature de leur esprit, laquelle, en réalité, n'est autre que la nature du Bouddha et des *bodhisattvas*. Ainsi, à moins que ceux-là ne soient aidés, ils vivent avec ces obscurcissements, ils meurent avec ces obscurcissements et reproduisent la même situation dans l'état intermédiaire entre la mort et la renaissance suivante. Environ quatre semaines après la mort, l'esprit aura perdu tout intérêt pour les choses de la vie qui vient de se terminer et commencera à s'orienter vers la prochaine renaissance.

L'aide en question est toujours apportée, mais si l'être est trop immergé dans l'illusion, il ne la voit pas, il ne la reconnaît pas, un peu comme lorsqu'on se met des verres déformants sur les yeux.

L'aide peut être donnée à tout moment, après la mort ou dans la période qui l'avoisine, pendant la vie et aussi dans cet état hallucinatoire que l'on appelle le *bardo,* dans lequel l'esprit existe sans revêtir de forme physique, étant plus créatif que jamais et attaché à ses propres habitudes passées pendant au moins trois semaines après la mort, ainsi qu'il est expliqué dans « M comme Mort et Mourir ».

L'une des questions les plus fréquentes de la part des Occidentaux sur la réincarnation est de savoir pourquoi le nombre des êtres humains et des animaux n'est pas constant sur la planète, pourquoi augmente-t-il aussi rapidement si ce sont toujours les mêmes qui reviennent à chaque fois. En fait, le Bouddha a répondu à cette question en enseignant qu'il y a beaucoup d'autres mondes et de planètes dans lesquels on peut se réincarner sous d'autres formes. Ainsi, en réalité, ce ne sont pas toujours les mêmes esprits individuels qui reviennent à la même place.

Ce que l'on peut observer, c'est qu'en cette période de l'histoire, il y a un nombre assez élevé d'êtres vivants qui sont concentrés sur cette planète, et la raison peut en être l'énergie planétaire actuelle, selon les calculs astrologiques, puisque même les planètes ont aussi leurs cycles.

Cette époque semble offrir de multiples occasions d'évoluer, puisque d'une part les communications sont meilleures qu'autrefois, ce qui permet de trouver facilement les enseignements dont nous avons besoin, et d'autre part il y a une grande souffrance [1] qui pousse le genre humain à en avoir assez, au point que les êtres commencent à chercher une façon d'en sortir. Et cela est en rapport, encore une fois, avec l'autodéveloppement.

Une autre question fréquente de la part des Occidentaux est de demander si nous pouvons renaître comme animaux ou si les animaux peuvent s'incarner en humains. D'un point de vue bouddhiste,

1. Voir « P comme Prophéties ».

la chose est liée uniquement à nos résultats karmiques : il peut se faire que nous ayons besoin de renaître comme animal pour mieux comprendre le point de vue des animaux, ou bien, on peut renaître comme animal pour aider le royaume des animaux.

À partir de là, cet animal que nous aurons été une vie entière pourra renaître comme un être humain du fait que nous n'avons plus besoin de cette expérience ou que nous ne la désirons plus. Nous ne considérons pas une vie passée dans le règne animal comme un échec dans notre développement car ce n'est pas comme être recalé à l'école : cela dépend des liens karmiques qui nous ont conduits à une telle expérience. Il y a des animaux qui ont une vie meilleure que des humains. Présentement les Occidentaux éprouvent une grande curiosité au sujet de leurs vies précédentes et du lieu de celles-ci. Il peut se faire qu'une régression puisse être utile pour croire à la réincarnation, ou bien pour des raisons thérapeutiques, mais du point de vue bouddhiste il n'est pas nécessaire d'aller fouiller dans nos existences passées. Le Bouddha a dit : « *Si tu veux savoir ce que tu as été, il te suffit de regarder ce que tu es maintenant.* » Ce qui veut dire que ce que nous sommes aujourd'hui est le fruit de nos actions passées. Mais il a dit aussi : « *Si tu veux savoir ce que tu seras dans ta prochaine vie, il te suffit de regarder ce que tu fais maintenant.* » Ceci met en valeur le présent et l'avenir, car le passé reste le passé.

Notre esprit est actuellement impliqué dans une expérience du présent dont les résultats se retrouveront dans l'avenir sous la forme d'une réincarnation. C'est pourquoi nous pouvons considérer cette vie comme une occasion de clarifier la confusion (tels les attachements, les liens...) grâce aux enseignements. Cette vie est déjà suffisamment confuse : pourquoi devrions-nous donc y ajouter d'autres confusions en faisant des investigations sur nos vies passées ? Il pourrait arriver que nous voyions venir au galop toutes sortes de souvenirs, et personne ne serait là pour nous aider à comprendre.

Notre vrai pouvoir personnel, pour changer un lourd *karma* passé, ne se trouve pas dans le retour sur les souvenirs de ce même passé, mais dans notre capacité à produire un bon *karma*, ici et maintenant, capable de compenser toutes sortes d'actions négatives commises dans nos vies antérieures.

D'un point de vue absolu, la réincarnation fait partie de la faculté de création de l'esprit ; ce qui veut dire qu'elle n'existe pas, sinon comme une manifestation de l'esprit.

Ceux qui ont réalisé leur vraie nature ne sont plus soumis à cette manifestation, puisque l'esprit du Bouddha se trouve au-delà de la réincarnation elle-même ; mais sitôt qu'ils auront réalisé l'esprit du Bouddha, parfaitement sage et compatissant, ils reprendront à nouveau un corps, poussés par la compassion pour ceux qui ne sont pas encore réalisés.

S... comme Science

De nos jours, les Occidentaux consacrent la majeure partie de leur énergie à l'aspect scientifique et technique de la réalité entière, et c'est utile. Mais de même qu'ils développent ces aspects, ils devraient y ajouter d'autres approches, car le plan rationnel et le plan spirituel devraient être développés de pair. La science sans la sagesse est comme un ustensile dangereux entre les mains d'un enfant.

Si nous ne considérons qu'une seule partie de l'homme, si nous développons seulement la technologie, nous nous fermons d'avance à la possibilité d'obtenir des informations ultérieures venant de notre nature profonde, sous forme de perceptions ; il s'agit de quelque chose que nous ne pouvons pas mesurer mais qui est tout aussi utile : nous ne croyons pas qu'il n'existe que ce qui est mesurable, ou que ce soit la seule chose utile pour le bien des êtres.

Les scientifiques qui se comportent de cette façon se limitent eux-mêmes vraiment beaucoup, et leur vraie nature continue à demeurer cachée. Du fait qu'il peut y avoir une absence de compassion dans leur approche, ils ne réalisent pas ce qu'est exactement la compassion. Ils agissent souvent dans leur propre intérêt, et même lorsqu'ils agissent pour le bien collectif de l'espèce humaine ce n'est pas une approche correcte puisque ça ne correspond pas nécessairement au bien de tous les êtres vivants. Ils cherchent à forcer les choses afin d'obtenir le résultat qu'ils se sont fixé et ils ont recours aux méthodes les plus diverses sans se préoccuper de tout ce qui n'est pas étroitement leur but. En agissant de cette manière on peut dire qu'ils obtiennent le résultat qu'ils cherchaient, mais par leurs expériences ils causent d'énormes dommages aux êtres vivants, à la planète, et tôt ou tard cette énergie négative reviendra sous forme de *karma* collectif négatif pour l'humanité entière, puisque la recherche trouve sa justification dans le bénéfice de la collectivité.

Toute action qui n'est pas inspirée par la compassion est une action aveugle, elle naît de notre esprit individualiste, lui-même aveugle et limité ; ses résultats peuvent être avantageux de façon seulement momentanée, or on commence seulement à s'apercevoir, aujourd'hui, dans notre monde, des effets de cette façon d'agir.

Ces scientifiques ont eux aussi une nature parfaite cachée, et nous devrions pouvoir leur permettre de s'en approcher, à condition d'utiliser leur propre langage si nous voulons qu'ils nous écoutent. Nous ne devrions pas leur dire ce qu'ils doivent faire ou ne pas faire, car ils croient si fermement en leurs méthodes qu'ils pensent que le moindre changement serait inacceptable. C'est peut-être pour cela que Trungpa Rinpoché a décidé d'abandonner son rôle habituel de lama tibétain et a annoncé qu'il se réincarnerait en tant que scientifique[1].

1. Voir « B comme Bodhisattva ».

S... comme Secrets

Selon la tradition, les enseignements ne peuvent pas être donnés à qui n'est pas disposé à en faire un usage correct, car si les disciples en faisaient mauvais usage, le lama en serait lui aussi karmiquement responsable. Quelques exemples de la façon dont on peut faire mauvais usage de certains enseignements se trouvent au chapitre « P comme Pouvoirs ».

Beaucoup d'entre eux ont donc été tenus traditionnellement secrets, sauf pour les personnes que le lama considère aptes à les recevoir. La même chose est arrivée dans l'ésotérisme chrétien, lorsque Jésus a dit : « Ne jetez pas les perles aux pourceaux ». Cela ne voulait pas dire que les personnes non préparées devaient être considérées comme des porcs, mais simplement qu'il y a toujours des gens incapables d'apprécier certaines choses et qui, pour cette raison, en feraient probablement mauvais usage (dans cet exemple, les porcs mangeraient les perles précieuses) ; si bien qu'elles doivent être réservées à ceux qui savent les apprécier et en faire bon usage.

À notre époque, puisque les communications sont plus faciles que dans le passé, les lamas peuvent rencontrer beaucoup plus de monde que lorsqu'ils vivaient au Tibet, et ont de plus grandes chances de trouver un nombre suffisamment important de personnes prêtes à recevoir les enseignements.

Ce qui rend apte à recevoir un enseignement et à en faire bon usage est la compassion. Même si vous avez encore des émotions que vous ne savez pas comment affronter, même si de temps en temps vous vous mettez en colère, si même vous agissez d'une façon selon laquelle vous ne voudriez pas agir, et même si on peut dire que vous ne comprenez pas tous les détails d'un enseignement, si vous avez développé suffisamment la compassion, il n'arrivera pas vraiment que vous fassiez mauvais usage de ce que vous avez appris, puisque le but de l'ensemble des enseignements du Bouddha consiste à libérer tous les êtres vivants de la souffrance.

Dans nos rituels et dans nos pratiques, nous nous habituons peu à peu à nous relier à une grande énergie. Les rituels, les pratiques, les méditations, les *mantras,* les *mudras*, les *mandalas* et les visualisations sont tous mis en œuvre afin de réaliser notre vraie nature, compatissante et puissante, mais ils apportent certains fruits secondaires non recherchés, les prétendus *siddhis* ou pouvoirs. Si ces *siddhis* se manifestaient en vous avant que la compassion ne soit suffisamment développée, vous pourriez en faire un usage égoïste, vous engluant de plus en plus dans le dualisme, voulant ceci et cela, et enfin exerçant une forme d'influence sur ceux qui n'ont pas encore manifesté ces *siddhis.* On penserait de vous que vous êtes un « mage » ou un « génie », et l'on vous suivrait en obéissant à votre volonté et ainsi de suite, et l'on serait de plus en plus immergé dans l'illusion.

Une fois que vous aurez appris comment l'énergie fonctionne, que vous serez compatissant et équanime, vous en ferez usage, par exemple, pour guérir. Mais si vous n'êtes pas compatissant, peut-être procéderez-vous à l'envers, faisant tant et si bien que votre voisin fera une dépression nerveuse ou tombera malade pour la simple raison qu'il vous est antipathique.

Au cours de l'Histoire, il est arrivé de temps en temps qu'un maître donne à un disciple un enseignement qu'il n'était pas prêt à recevoir ; parfois le maître a réussi à aider le disciple à changer, à devenir plus compatissant, parfois, au contraire, il a échoué.

Pour ceux qui sont encore dominés par leurs propres émotions et qui manquent de compassion, il y a des enseignements sur la façon d'affronter les émotions, de les transformer et de s'en servir, tout à fait comme d'une pierre afin de paver notre propre route spirituelle. Peu à peu même ceux-là développeront la compassion, puisque c'est une qualité de leur vraie nature. Souvent, en s'analysant ils découvriront la compassion à l'intérieur d'eux-mêmes.

S... comme Sexe

Quand les Occidentaux voient certaines de nos peintures, ils semblent souvent surpris parce qu'elles représentent parfois des déités ou des *bodhisattvas* dans des postures qui semblent être l'union physique avec leurs consorts.

En réalité, ils sont bien en union, mais pas physiquement.

Comme vous pouvez le lire dans « D comme Déité », il ne s'agit de rien d'autre que des qualités de notre esprit, les qualités de notre vraie nature. Les peintures et les visualisations sont des moyens habiles pour se concentrer sur elles et se les rappeler, afin qu'elles puissent se manifester à travers nous.

Quand nous les représentons en union, cela veut dire que nous insistons sur le fait que chaque qualité de notre vraie nature – tout à fait comme la totalité des *chakras* de notre corps subtil – se manifeste sous deux polarités : masculine et féminine.

Le masculin signifie le positif, ce qui donne, c'est la qualité compatissante de l'esprit vrai. Le féminin signifie le négatif, ce qui reçoit, c'est l'aspect sagesse de l'esprit vrai.

Chaque manifestation de l'esprit devrait avoir ces deux aspects bien équilibrés, exactement comme doivent l'être les *chakras* dans leur faculté de recevoir et de transmettre l'énergie, garantissant ainsi de rester en bonne santé.

Il est important que les deux aspects soient bien équilibrés et unis : en réalité, la sagesse toute seule est inutile, puisque, sans la compassion, elle ne peut pas être partagée. Et la compassion seule est, elle aussi, inutile, puisque, sans la sagesse, il ne resterait qu'un pur désir d'aider, sans aucune aide véritable à apporter.

La chose fonctionne comme l'électricité : pour que le moteur marche, il faut que le pôle positif et le pôle négatif soient unis. L'un n'est pas efficace sans l'autre.

Tout cela est en rapport aussi avec les deux parties de notre cerveau : avec l'une nous pouvons recevoir la juste inspiration, avec l'autre la mettre en œuvre. En réalité si vous agissez sans être inspiré, votre action sera une action aveugle ; si au contraire vous recevez une bonne inspiration mais que vous n'agissiez pas, cette inspiration ne donnera aucun fruit.

Puisque chaque déité ou couple de déités correspond aux cent *chakras* majeurs ou mineurs de notre corps, quand nous visualisons ou quand nous méditons sur un couple de déités déterminées, nous rappelons la qualité intérieure correspondante et en même temps nous rééquilibrons le *chakra* qui y est relié.

En somme, ces représentations n'ont rien à voir avec le sexe.

Cela, cependant, ne veut pas dire que le sexe soit « négatif » pour les bouddhistes : le fait qu'un moine choisisse le célibat est dû à sa volonté de ne pas affronter de situations qui pourraient facilement faire naître les désirs, les attachements et les attentes. En un certain sens les moines préfèrent arracher les racines.

Mais évidemment, celui qui préfère avoir une vie sexuelle normale, celui qui trouverait insupportable le célibat, peut arriver exactement au même niveau de réalisation spirituelle qu'un moine. L'un et l'autre peuvent choisir le style de vie qui leur est le plus adapté, puisque le Bouddha a donné un enseignement pour chaque cas spécifique.

Si le sexe est très important pour vous, il est enseigné dans les *tantras* comment vous servir de votre activité sexuelle pour accroître votre connaissance et votre compassion ; ce n'est pas une voie facile, puisqu'elle suppose que vous pratiquiez la sexualité sans développer ni attachement ni attentes. Ne pas avoir d'attachement n'est pas synonyme de ne pas aimer son ou sa partenaire, mais de l'aimer sans aucune attente conditionnante, sans aucun concept de possession.

Votre esprit individuel s'ouvrira pas à pas jusqu'à ce que vous puissiez retrouver votre vraie nature. Au début, vous commencerez par contrôler l'éjaculation physique, puis, plus tard, vous contrôlerez vos émotions, en demeurant conscient de la façon dont elles surgissent et de comment elles fonctionnent. Chacun des deux partenaires cherchera à transcender sa propre personnalité, son propre plaisir, etc., jusqu'à ce que chacun devienne un avec le principe ou la qualité qu'il incarne, telles la sagesse (sans obscurcissement) et la compassion (amour inconditionné).

Arrivé à ce niveau, le couple de pratiquants ne se sert plus du sexe pour son propre plaisir, mais incarne vraiment ces deux qualités de la vraie nature de tout ce qui vit, portant consciemment ces qualités sur le plan physique, pour le bien de tous les êtres sensibles.

Encore une fois, le but est de réaliser la vraie nature de l'esprit, puis, du fait que la qualité de cette nature est la sagesse et la compassion, ce que vous réaliserez sera bénéfique pour tout ce qui est vivant.

Le sexe n'est donc pas, pour les bouddhistes, destiné nécessairement à faire des enfants ; ce qui importe, c'est que nous ne devrions pas nous laisser gouverner par nos pulsions sexuelles, de même que nous ne devrions pas nous laisser mener par nos émotions, afin que notre conscience puisse grandir.

T... comme Tibet : la fuite

Mon père était aussi un « réincarné »[1], mais il obéit à son père qui avait choisi pour lui un destin politique et non monastique. Peu avant ma naissance, mon père convoqua toute la famille et les amis et leur dit que si les Tibétains ne changeaient pas, s'ils ne se libéraient pas de leurs habitudes passées, ils allaient perdre leur pays. Mais il ne réussit pas à concrétiser les réformes qu'il aurait voulues et il décida de ne pas vivre plus longtemps (il s'en alla à trente-sept ans). Avant de mourir, il donna ses instructions à la famille : nous ne devrions pas rester dans le Kham, mais déménager ailleurs. La famille ne put pas le faire immédiatement, mais décida qu'elle aurait néanmoins à suivre son conseil.

Quand j'avais sept ans, le dalaï-lama et mon oncle le Karmapa se rendirent en Chine, probablement

---

1. Voir « T comme Tulkou » pour comprendre en quel sens les Tibétains font usage de cette expression. »

pour discuter de l'autonomie du Tibet, et quand ils revinrent officiellement notre famille décida d'envoyer mon frère Shamarpa et moi-même au monastère du Karmapa à Tsur-Phou, puisque l'on craignait des désordres imminents dans le Kham. Les Chinois étaient déjà présents au Tibet (ils s'y étaient déjà installés dix ans avant l'invasion définitive de 1959) et, le voyage de retour du Karmapa étant un voyage officiel, il ne fut pas possible de s'y joindre directement : en fait les Chinois ne voulaient pas que notre famille se déplace et ils nous tenaient sous un contrôle strict.

Donc, quand vint pour mon frère et moi le moment de nous rendre à Tsur-Phou, notre mère cacha la véritable destination, racontant à la place que nous allions faire un pique-nique à la campagne. Elle organisa les choses de telle sorte que quatre adultes nous accompagneraient, tandis qu'elle demeurerait à la maison pour ne pas éveiller les soupçons des Chinois : elle nous rejoindrait plus tard.

Puisque l'endroit choisi pour le pique-nique était très loin de la maison et proche du fleuve, elle s'arrangea pour qu'un bateau nous y attende. Nous savions qu'un jour ou l'autre on nous aurait envoyés à Tsur-Phou, mais nous ne savions pas quand cela arriverait, et cette fois nous avons vraiment cru qu'il s'agissait d'un pique-nique ! C'est ainsi que nous utilisâmes la barque pour traverser le fleuve, après quoi notre mère avait fait en sorte que nous ayons des chevaux pour continuer le voyage : il fallait deux ou trois jours pour atteindre une grande route construite par les Chinois.

Là se tenait une sorte de camp officiel avec un point de contrôle : le tibétain et le chinois sont deux langues très différents et la communication était très difficile, mais nous dûmes déclarer d'où nous venions et où nous allions ; après trois jours de cheval, notre groupe n'étant composé que d'une femme, deux hommes et deux enfants (l'un des hommes était reparti avec les chevaux), nous avions l'air de pèlerins, si bien que nous déclarâmes que nous nous rendions à Lhassa. Et puisque les Chinois voulaient contrôler tous les mouvements des Tibétains, ils durent nous fournir un passage sur un camion de l'armée chinoise : à l'époque c'était le seul moyen de transport. Beaucoup de Tibétains allaient et venaient de Lhassa, toujours sur les camions de l'armée chinoise : c'était un voyage qui durait habituellement deux jours, mais il dura une semaine à cause des barrages routiers.

Pendant ce voyage, en fait, ils nous firent changer de camion bien des fois, et à chaque poste de contrôle ils voulaient tout vérifier, si bien qu'il fallait recommencer toutes les déclarations depuis le début. Mais nous n'avions pas peur : nous étions seulement un peu nostalgiques parce que nous étions loin de la maison.

En réalité, nous commencions à suivre les conseils de notre père, puisqu'à l'époque se déplacer du

Kham au Tibet voulait vraiment dire aller dans un autre lieu : pour les gens du pays, le Kham était le Kham et le reste du Tibet était le Tibet !

Tsur-Phou était seulement à quarante kilomètres de Lhassa : j'entrai ainsi au monastère, bien que mon père eût décidé que je n'aurais pas dû devenir moine, puisqu'il m'avait demandé de veiller sur la famille ! À Tsur-Phou il y en avait déjà une partie : un de mes oncles et une de mes tantes, tous deux frère et sœur du Karmapa.

Nous arrivâmes à Tsur-Phou durant l'été, et l'hiver suivant, nous prîmes part à un pèlerinage officiel en Inde en même temps que le dalaï-lama, le panchen-lama[1] et le Karmapa. Pendant ce pèlerinage, nous sommes allés dans tous les lieux sacrés du bouddhisme en Inde, car c'était une année spéciale pour le *Dharma*.

Quelques mois plus tard, nous fûmes de retour à Tsur-Phou, et nous y demeurâmes jusqu'en 1959, lorsque nous nous enfuîmes du Tibet. Comme nous étions des enfants, l'idée de nous en aller nous rendait heureux : nous pensions qu'il s'agissait seulement d'un voyage et que, comme les fois précédentes, nous reviendrions. Les Chinois étaient déjà présents dans notre pays, mais Lhassa était encore

1. Le panchen-lama est une « réincarnation » importante qui se manifeste toujours en même temps que le dalaï-lama et le Karmapa etc. Tous coopèrent au bien des êtres.

la capitale du Tibet ; nous partîmes, je crois, une semaine avant l'invasion.

Deux ou trois jours avant de partir, on nous dit de préparer les bagages : c'était tout « électrisant » ! Même les résidents du monastère ne savaient pas quel serait le jour exact de départ du voyage ; nous savions seulement qu'il fallait nous tenir prêts.

Quand on nous dit que le moment était venu, il était trois ou quatre heures du matin : tout fut chargé sur les chevaux.

Les gens de l'endroit, les paysans, avaient reçu la consigne de partir en même temps que les résidents du monastère, mais ils étaient si habitués à la pression chinoise qu'ils pensaient qu'il ne s'agissait pas de quelque chose de vraiment sérieux. Ils pensaient qu'il s'agissait d'un problème momentané avec la Chine et que tout serait résolu dans quelques mois maximum ou dans un an au plus tard. En fait, sous le XIIIe dalaï-lama, les Tibétains avaient déjà dû s'en aller quelque temps, mais tout avait fini par s'arranger. La majeure partie de ceux qui quittèrent le Tibet, cette fois, le firent après la destruction de Lhassa.

C'est ainsi que nous partîmes avant l'aube : nous étions un peu plus d'une centaine de personnes et nous devions nous déplacer en grande hâte, profitant de la lumière du jour pour voir la route, après quoi, juste avant le coucher du soleil, nous rejoignions une vallée déserte où nous campions pour la nuit. Nous étions dix par tente, et pour chaque tente il y avait un homme chargé de recevoir les renseignements utiles pour la journée suivante. Pendant la nuit on discutait de ce qu'il fallait faire et comment se déplacer le jour suivant ; les soldats chinois étaient partout, et nous devions traverser le fleuve Sangpo avant qu'ils ne bloquent toute la région. Deux jours après notre départ de Tsur-Phou nous arrivâmes au gué, à midi : il y avait là de très nombreux Tibétains qui étaient venus pour nous aider à passer cette frontière importante ; ils s'étaient organisés militairement, comme partout au Kham et dans le reste du Tibet ; les gens s'organisaient d'eux-mêmes.

Le Sangpo était un très grand fleuve, extrêmement périlleux parce qu'il n'y avait aucun pont, si bien que nous devions utiliser nos barques tibétaines, longues de deux mètres et larges d'un seul, faites de peau de yack... La structure de cette barque est plutôt solide, et elle est toute recouverte de cuir ; nous étions entre dix et douze par barque.

Le voyage entier de Tsur-Phou au Bhoutan, notre première destination, nécessita vingt jours. La mousson était sur le point de commencer, aussi nous divisâmes-nous en deux groupes : le Karmapa avec les hommes les plus forts allèrent d'abord au Sikkim, et les autres durent attendre cinq mois au Bhoutan. Les plus forts, donc, « affrontèrent » un raccourci extrêmement dangereux pour arriver avant la mousson, à travers la forêt du Sikkim, puis commencèrent à construire les maisons et le monastère à Rumtek : à l'époque, à cet endroit, il n'y avait rien.

La moitié de notre groupe s'arrêta donc au Bhoutan, où elle augmenta beaucoup en nombre, car d'autres Tibétains vinrent s'y joindre. Nous restâmes à attendre la fin de la saison des pluies, afin de pouvoir prendre une autre route, plus longue mais moins dangereuse, mais qui n'était toutefois pas praticable pendant la mousson.

T... comme Trésors cachés

Parmi les pratiques et les enseignements des *tantras*, il y a un grand nombre de *termas* : les *termas* sont des enseignements qu'un grand *bodhisattva* a obtenus ou bien des objets qu'il a possédés dans une de ses vies précédentes, et qu'il a décidé ensuite de cacher dans le but de les manifester à nouveau dans une vie suivante.

Mais pourquoi donc a-t-il fallu cacher ces *termas ?* Par exemple, il peut se faire qu'un enseignement soit bien trop avancé pour le niveau des personnes qui pourraient le recevoir, si bien qu'il est tenu en réserve pour plus tard ; ou bien certains objets particuliers pourraient être volés, ou utilisés de façon inadaptée, à une certaine période de l'Histoire ; c'est pourquoi ils sont tenus cachés jusqu'à ce qu'ils puissent être utilisés à bon escient.

La façon dont les *termas* parviennent à la lumière peut varier d'un cas à l'autre : il peut se faire que quelqu'un ait une vision pendant la méditation, dans laquelle il voit où est caché un objet, ou un livre qui contient une certaine pratique, près d'un fleuve plutôt que dans une caverne de la montagne ; alors cette personne se rend sur place et le trouve. Ou bien certains reçoivent directement un enseignement entier sous forme de vision.

Ces *tertöns* (tel est le nom des découvreurs de *termas)* ont d'habitude un aspect particulier, et on pourrait parfois penser qu'ils sont un peu fous. Il y a des *tertöns* de différents niveaux, qui ont des rôles divers, mais presque tous sont vraiment des êtres spéciaux. Ils peuvent être des génies, des artistes, puisque leur esprit individuel nécessite une plus grande ouverture que la normale, afin de recevoir certaines inspirations qu'une personne ordinaire ne pourrait pas recueillir.

Ce sont aussi des maîtres hautement réalisés, du fait qu'ils sont en mesure de nous révéler et de nous apporter bien des enseignements merveilleux qui, autrement, seraient perdus.

On pense que les *tertöns* reçoivent ces suggestions de certains grands êtres comme Padmasambhava ou bien directement de leur nature profonde, car il s'agit souvent des mêmes *bodhisattvas* qui ont caché les *termas* au cours d'une vie précédente.

Quand Padmasambhava se trouvait au Tibet, il cacha vraiment beaucoup de *termas*, les plaçant sous la surveillance de protecteurs locaux [1] qui agiraient

1. Voir « D comme Deva ».

comme gardiens jusqu'à ce que la personne juste se rende au moment juste à cet endroit précis, à la recherche du *terma*. Alors le protecteur lui permet de trouver le lieu où le *terma* était caché.

T... comme Tulkous : enfants spéciaux

Nous appelons *tulkou* un lama que nous reconnaissons comme la réincarnation d'un lama précédent. De même qu'un *bodhisattva*, un *tulkou* passe à travers l'état du *bardo* sans perdre sa conscience propre et c'est pour cela que dès son enfance il se rappelle sa vie précédente.

Cette conscience va de pair avec un autre but qui est d'ailleurs typique des *bodhisattvas* : un *tulkou* se réincarne pour le bien des êtres sensibles.

De même que le *bodhisattva*, le *tulkou* peut n'être pas complètement illuminé, avoir encore quelque obstacle karmique à vaincre ; certains d'entre eux sont capables de voir où et comment ils se réincarneront la prochaine fois, d'autres n'en sont pas capables.

Finalement l'unique différence entre un *tulkou* et un *bodhisattva* est que le *tulkou* se réincarne toujours dans le même pays, au même endroit, avec les mêmes relations, etc. ; un *bodhisattva* peut vivre en tant que *tulkou* ou non.

La réincarnation n'est autre qu'une qualité de l'esprit qui fait que tous les êtres doivent se réincarner tant qu'ils n'auront pas réussi à se libérer de leur *karma*. Mais au Tibet quand on dit que quelqu'un est un « *réincarné* », on veut dire que cette personne a développé un niveau de l'esprit et une compassion tels qu'ils le poussent à choisir de se réincarner une fois encore pour aider les autres. Ceux-là en particulier choisissent de revenir dans le même lieu car ils souhaitent compléter quelque chose qu'ils ont commencé dans la vie précédente ; un *tulkou* reçoit donc une éducation spéciale, de sorte qu'il puisse commencer à agir sans perdre trop de temps. Sa compassion continue de croître, grâce aux enseignements qu'il reçoit, si bien qu'il complétera peu à peu sa réalisation et qu'il deviendra un *bodhisattva* accompli. À chaque incarnation il y a une amélioration.

J'ai très tôt été reconnu comme *tulkou* ; mais tout ce que je peux dire à ce propos vient de ce que j'ai entendu grâce au témoignage des autres, car, personnellement, je n'arrive pas à me rappeler cette première partie de ma vie dans laquelle j'ai été reconnu. Cette perte de mémoire est un facteur plutôt commun : la mémoire des jeunes *tulkous* par rapport à leur vie passée s'efface progressivement au fur et à mesure qu'ils grandissent et qu'ils deviennent semblables aux autres enfants. Ma mère me disait, par exemple, qu'enfant je racontais ce qu'était en train de faire un membre de la famille loin de la maison, ou ce qu'il avait fait. Elle disait que cela me venait spontanément, et que mes proches vérifiaient, découvrant que les choses s'étaient passées comme je l'avais dit. Je pouvais parler du passé, du présent et de l'avenir de façon absolument naturelle. Mais, en grandissant, mon esprit commença à être obscurci par de multiples doutes : qui sait si cela est vrai ou non ; qui sait si cela peut être dit ou non ? Un petit enfant ne connaît pas le doute : il dit tout ce qui lui vient à l'esprit, peu lui importe ce que les gens penseront de ce qu'il dit, ni quelles en seront les conséquences. En un certain sens mon jugement se présenta sous forme de doute, ou d'un mode de pensée opposé à l'intuition, à ma connaissance spontanée.

Cette connaissance claire est l'un des signes que les parents devraient savoir reconnaître, même en Occident.

Les premiers signes de la présence d'un *tulkou* ne sont peut-être pas facilement visibles pour certains parents occidentaux, pour la simple raison qu'ils n'ont pas été entraînés à les observer ; c'est un peu comme les signes qui accompagnent la naissance d'un *bodhisattva*.

Je naquis en 1949, dans la région de Deng-Kok, dans la partie orientale du Tibet appelée Kham ; là coule un grand fleuve, plus large que la Seine à Paris ; d'habitude ses eaux sont marron, mais quand je naquis elles devinrent blanches pendant une journée. Et, de façon inattendue, beaucoup de fleurs apparurent à l'intérieur et autour de la maison, en des endroits où généralement elles ne poussent pas. Personne ne savait expliquer le pourquoi de ces phénomènes, si bien qu'on fit le rapprochement avec ma naissance. Aujourd'hui, je ne sais pas si on a bien fait : dans un pays occidental on ne ferait pas le lien avec la naissance d'un enfant, mais on aurait ouvert une enquête sur le fleuve. Peut-être aurait-on trouvé quelqu'un qui l'aurait pollué... mais il plut au Ciel que les choses se soient passées exactement de cette façon.

Bien, pour décrire ce qu'était la vie d'un *tulkou*, je vous raconterai ma propre histoire.

Le nom de ma famille est Athub, une famille d'antique origine mongole, arrivée peut-être au Tibet pendant la guerre avec la Mongolie. Je la définirais comme une famille noble de tradition guerrière.

Tout bien pesé, la famille dans laquelle chacun de nous prend naissance peut être pauvre ou riche, cela n'a pas d'importance ; cela dépend souvent du lien karmique rémanent qui agit encore.

La spiritualité s'est enracinée dans ma famille depuis des générations, si bien que plusieurs de ses membres ont été des yogis et des pratiquants de la tradition Nyingma ; je pense que le premier lama de la famille a été mon bisaïeul ou mon trisaïeul. Il n'était probablement pas facile d'administrer une famille aussi grande et toutes ses affaires, tout en continuant à être en même temps un yogi, et on en vint à établir l'usage de confier les devoirs politiques à un ou deux membres de la famille afin que les autres puissent s'engager dans un chemin spirituel. Mais mon aïeul remplissait les deux rôles à la fois : il était le chef spirituel et politique de la famille. Parmi ses huit fils, quatre furent reconnus *tulkous* mais il ne pouvait pas les laisser devenir tous moines, car au moins l'un d'eux devait mener une vie laïque afin de poursuivre les affaires de la famille.

Ainsi le XVIe Karmapa, Dzogchen Penlob et Dozong Chapdug entrèrent au monastère, tandis que Thikar, mon père, bien qu'il fût reconnu comme la réincarnation d'un maître de la tradition Nyingma, y entra seulement de façon symbolique afin d'aller à l'école : à l'âge de vingt ans il dut rendre la robe de moine et revenir à la vie de famille pour retrouver un rôle politique.

Mon père eut seulement deux fils : l'un est Shamar Rinpoché, le Shamarpa[1], une « réincarnation » importante, et je suis le second ; si bien qu'il

1. Le Shamarpa est la « réincarnation » qui reçoit la lignée du Karmapa et la lui transmet dans l'incarnation suivante. Pour cette raison le Shamarpa est un maître adulte quand le Karmapa s'incarne, et il peut donc vérifier qu'il s'agit bien de lui, en prendre soin et l'initier, afin que le nouveau Karmapa ne perde pas de temps et reprenne au plus vite son activité.

décida que je ne deviendrais pas moine, comme ça s'était passé pour lui, et aussi parce qu'il savait qu'il allait bientôt mourir. En fait il mourut à trente-sept ans, alors que je n'avais que trois ans.

Je fus reconnu officiellement assez jeune, quand mon père était encore vivant, mais même si les lamas du monastère en furent déçus, sa décision était irrévocable ; d'ailleurs en cette période, il y avait une agitation notable entre les Chinois et les Tibétains dans cette région, si bien qu'en fait les lamas n'insistèrent pas pour le convaincre.

Ma reconnaissance eut lieu de façon très traditionnelle : mon prédécesseur (c'est ainsi que les Tibétains appellent leur réincarnation précédente) avait envoyé à ma famille une petite cloche et un petit *dordjé* ; probablement sont-ils encore là-bas, au Tibet.

Maintenant, tout ce dont je me souviens est d'avoir vu cette petite cloche quand j'étais enfant ; mais ma famille et les autres disent que, jusqu'à l'âge de cinq ou six ans, avant qu'il ne commence à oublier, mon esprit était très clair et que je me souvenais de chaque détail de ma précédente incarnation. Je pense que cela n'est pas tellement différent de ce qui arrive à tout le monde : quand on est adulte on se rappelle peut-être dix pour cent de ce que l'on a fait ou pensé quand on était enfant. Parfois il arrive quelque chose qui peut faire remonter un souvenir, mais c'est tout.

Mon prédécesseur, Lap Kyap Gon, était un maître Gelugpa[1] et avait été abbé du monastère de Lap dans une de ses incarnations. Je me rappelle que les moines venaient de Lap chaque année pour me voir et pour faire des *pujas*[2] avec ma famille ; peut-être cherchaient-ils à renouer un peu le contact avec moi. Personne cependant ne m'obligeait à être présent aux *pujas*, car j'étais traité comme un enfant normal. Heureusement, on me laissait m'éloigner car j'avais peur du chien de l'abbé, un énorme berger allemand : moi, j'étais si petit !

Ma formation commença plus tard, à l'âge de sept ans, quand on m'emmena au monastère de Tsur-Phou, toujours au Tibet, mais loin de la frontière chinoise. C'était le monastère du Karmapa et une partie de ma famille y était hébergée[3].

Souvent les *tulkous* renaissent près de leur maître pour ne pas perdre de temps et disposer tout de suite d'un enseignant qualifié, mais mes premiers lamas m'enseignèrent des choses très ordinaires : à

---

1. L'école Gelugpa provient de la tradition Khadampa, réformée au Tibet par le moine indien Atisha. La lignée Gelugpa est détenue par le dalaï-lama et le panchen-lama.

2. Les *pujas* sont des cérémonies où l'on offre quelque chose à tous les *devas* locaux, aux déités, ou aux maîtres, pour entrer en contact et maintenir des relations harmonieuses avec eux. Les *pujas* sont aussi offertes en signe de gratitude et de reconnaissance.

3. Voir « T comme Tibet : la fuite ».

lire et à écrire, à faire les *pujas* ; l'un de mes oncles, Peunlop Rinpoché, prenait soin de nous, puisque notre mère était absente, et ce fut lui qui commença à nous donner quelques enseignements spirituels. Au Tibet il existe deux sortes de formations : l'une est culturelle (grammaire, calligraphie, littérature, philosophie), faite pour permettre de communiquer avec les gens, et l'autre est purement spirituelle.

Je devins moine à l'âge de vingt ans ; quand nous commencions à aller à l'école, on nous habillait déjà en moines, bien qu'il ne soit pas permis de prendre les vœux même partiels avant l'âge de seize ans ; mais à vingt ans on pouvait prendre les vœux complets.

Mon véritable entraînement personnel a commencé sous le XVIe Karmapa, au monastère de Rumtek, au Sikkim, après la fuite du Tibet.

À cette époque, Rumtek semblait vraiment un camp de réfugiés, et notre étude n'était pas régulière comme elle l'était au Tibet ; j'avais autour de douze ou treize ans quand le Karmapa commença à nous donner (nous étions plusieurs *tulkous*, tous ensemble) les initiations et les transmissions des enseignements. L'avoir comme maître voulait dire trois ou quatre mois d'instructions se terminant par la participation à l'initiation publique, avec beaucoup d'autres lamas venus de partout ; plus tard il se mit à concentrer les enseignements les plus importants en quelques heures, presque tous les jours, mais il s'agissait toujours d'instructions orales, car il n'avait jamais recours à un texte. Traditionnellement ces enseignements sont de deux sortes : les uns sont en rapport avec ce que nous devons faire ou ne pas faire, comment se poursuit une pratique, comment visualiser, ou bien concernent un sujet philosophique ; les autres sont des discours que le maître tient sur un sujet déterminé, et c'était ce type d'enseignement que le Karmapa préférait. Il se laissait inspirer par un exemple général, puis il entrait peu à peu dans un enseignement plus détaillé.

Je continuai ainsi jusqu'à ce que j'eusse vingt-six ans, avec une augmentation progressive de ces deux ou trois heures journalières jusqu'à atteindre un programme plus chargé. Je me rappelle qu'il commençait à enseigner à huit heures du soir, jusqu'à minuit ou une heure... après quoi nous devions nous lever à cinq heures du matin pour faire les *pujas* et étudier selon l'horaire habituel du jour avec d'autres enseignants, pour approfondir d'autres thèmes, et ainsi de suite. C'était ainsi tout le temps. Pour nous ce fut une période difficile, parce que nous étions très fatigués. Mais lui, jamais. Le Karmapa dormait entre deux heures et quatre heures et demie du matin, et ça lui suffisait.

À partir de dix-sept ans je dus travailler un peu, pour me rendre utile de diverses manières à l'intérieur du monastère ; mais, par-dessus tout, il m'était demandé d'étudier et de pratiquer. De toute façon, Rumtek était alors plus tranquille que maintenant, si bien qu'il n'y avait rien d'autre à faire : il n'y avait même pas une route qui conduise au monastère !

Au début il ne fut pas difficile de créer un potager à l'intérieur du monastère, mais presque toute la nourriture provenait de l'extérieur car les gens des environs étaient bien contents d'y apporter du riz et d'autres victuailles : les riches agriculteurs donnaient plus, les pauvres seulement quelque petite chose, mais personne ne venait les mains vides. Au monastère ils trouvaient une assistance médicale gratuite, une aide spirituelle, si bien qu'à chaque fois ils cherchaient à donner un coup de main. Maintenant c'est tout différent, et un monastère doit vendre quelque chose pour acheter autre chose ; en outre, il reçoit des dons en argent au lieu des produits de la nature, si bien que l'usage d'utiliser l'argent pour acheter quelque chose s'est affirmé. En ce temps-là il n'était pas nécessaire d'acheter grand-chose, à part un peu de légumes en plus ou un peu de viande provenant de la ville. Nous avions donc tout le temps pour étudier et pratiquer.

Ainsi que je l'ai déjà dit, un *tulkou* peut naître partout, même à l'intérieur d'une famille occidentale : tout dépend des connections karmiques.

Ne vous attendez pas à ce qu'un jeune *tulkou* soit plus obéissant que les autres enfants, car le caractère d'un enfant a beaucoup de rapports avec celui de ses parents.

Un jeune *tulkou* a normalement l'air d'être un enfant comme tous les autres, mais de façon imprévisible émerge spontanément une capacité de compréhension plus profonde ; sa compassion est tout aussi spontanée. Il peut dire, entendre ou voir des choses tout à fait extraordinaires, comme les êtres subtils, et cela est prouvé historiquement ; alors, je vous en prie, ne le conduisez pas chez le psychiatre seulement parce que votre culture a pratiquement oublié toutes ces choses. Saisissez cette occasion, au contraire, pour vous ouvrir à un nouveau mode de pensée, plutôt que d'en avoir peur ; acceptez la nature de votre enfant. Mais rappelez-vous que petit à petit il deviendra comme tous les autres enfants : donc, traitez-le comme un enfant normal.

Si vous pensez qu'un petit *tulkou* est né dans votre famille et que vous ne sachiez rien du bouddhisme, ne vous en faites pas ; s'il vous a choisi, c'est que vous serez probablement capable de lui donner une bonne formation, et c'est cela qui sera bénéfique au maximum pour son action future. S'il a une bonne culture de base, plus tard il sera facile de l'éduquer sur le chemin spirituel. Une bonne culture lui permettra, en premier lieu, d'entrer en contact avec beaucoup de traditions diverses, de telle sorte qu'il soit capable de reprendre contact avec la sienne, car à un moment donné son esprit se réveillera, s'intéressera à un chemin spirituel, voudra pratiquer une voie particulière.

Quand, dans notre tradition, nous voulons nous consacrer à la pratique, cela demande plusieurs années. À partir de là nous pouvons partager avec les autres ce que nous avons réalisé, mais même cela n'est pas faisable sans une formation culturelle adéquate qui permette de communiquer de façon juste.

En réalité, il y a beaucoup de gens qui sont doués de sagesse et de compassion, et qui découvrent tout seuls leur propre voie ; ils recueillent dans toutes les traditions ce dont ils ont besoin, à partir de quoi ils agissent selon leur capacité et leurs liens karmiques.

V... comme Visualisation

Parmi nos méthodes pour éveiller une certaine qualité de l'esprit dans le but de reprendre contact et de devenir un avec elle, nous avons un système de visualisations très détaillées *(lorsqu'il est parlé de l'esprit il faut comprendre la vraie nature, celle de Bouddha, obscurcie cependant par l'ignorance. L'ignorance veut dire que notre esprit individuel croit être séparé de l'esprit du Bouddha qui pénètre toutes les formes, comme une goutte d'eau qui se mettrait à penser : « Je suis une goutte » sans accepter de faire partie de l'océan. Dès qu'elle aura réalisé la vérité, elle deviendra consciemment ce qu'elle est déjà : l'océan lui-même).*

Quand nous visualisons que l'esprit du Bouddha, qui est sans forme, est la vraie nature de tout ce qui existe, nous devons naturellement lui attribuer une forme, sans quoi il n'y aurait rien à visualiser. Mais il ne faut jamais oublier que ce que nous voyons n'est pas autre chose qu'une forme.

Si bien que nous visualisons d'habitude l'esprit du Bouddha sous la forme de diverses déités qui sont simplement des aspects et des qualités de notre nature profonde ; on peut aussi visualiser des *bodhisattvas*, émanations de l'esprit du Bouddha, puisqu'ils ont réalisé leur vraie nature au cours d'une de leurs vies. La visualisation a pour but de ranimer ou de créer une connexion avec eux (ou avec leur qualité intérieure de compassion, qui est la même que celle que nous possédons aussi). Cette reconnexion permet d'agir avec compassion, au lieu d'agir pour notre propre compte sous des nuées d'obscurcissements.

Naturellement nous ne disposons pas de photos de ces *bodhisattvas* pour voir comment ils étaient dans leur vie précédente, et certains d'entre eux n'ont même jamais pris de corps humain ; c'est pourquoi nous avons élaboré des images symboliques dont nous nous servons comme supports pour nous concentrer sur les *bodhisattvas.*

À cause de tous les symboles que l'on doit réussir à visualiser et aussi de certaines indications (par exemple il vous est demandé de visualiser un corps de lumière, ou une substance qui émane de l'être visualisé, le tout en trois dimensions et comme si c'était vivant), ces visualisations ont parfois l'air un peu compliquées. Bien que les Occidentaux ne soient pas familiarisés avec nos symboles, leur culture a tellement mis l'accent sur la capacité conceptuelle qu'en un certain sens la visualisation n'est pas difficile pour eux.

Nous visualisons des êtres, des choses et même

les sons des *mantras*. Mais nous ne considérons pas toutes ces choses comme des hallucinations, car nous sommes toujours conscients qu'elles n'ont pas d'existence propre ; c'est un peu comme lorsque vous vous rappelez un ami qui vit à l'étranger : vous vous le rappelez d'une façon si détaillée qu'il vous semble l'avoir sous les yeux, mais vous savez parfaitement qu'en cet instant précis, il est loin de vous.

Une visualisation va toujours de pair avec une attitude de foi et de gratitude envers ce que le *bodhisattva* ou la déité ont fait ou peuvent faire pour les êtres sensibles, ainsi que pour les enseignements que nous avons reçus et qui nous permettent de rentrer en contact avec notre vraie nature.

C'est pourquoi nous commençons presque toujours par visualiser notre maître qui devient un avec le Bouddha ou avec le *bodhisattva*, puis finalement un avec nous.

Puis, à la fin de chaque visualisation, quand nous sentons que le contact a été renoué, nous visualisons le Bouddha ou ce *bodhisattva* qui se dissout en lumière, devenant un avec nous dans notre visualisation. Cette phase de dissolution a plusieurs buts : elle rappelle que tous les êtres, quel que soit leur niveau de réalisation, ont la même nature, et que de façon ultime nous sommes tous un, puisque la séparation est seulement une illusion créée par notre esprit individuel ignorant. Elle rappelle aussi que l'esprit fonctionne en créant des choses qui semblent douées d'existence propre et qui ne sont en réalité que des projections. Et, tout comme nous dissolvons la visualisation, l'esprit peut dissoudre l'illusion de ce qui se présente sous l'apparence d'une chose séparée de l'esprit même.

Quand on dissout la visualisation, c'est un peu comme lorsqu'on disperse un *mandala* de sable dans une rivière : cette action rappelle que tout ce que nous voyons dans ce monde est impermanent et que la souffrance provient de notre attachement à une apparence impermanente.

V... comme Vœux

Les lamas tibétains ne sont pas tous moines, car « lama » veut seulement dire que l'on est autorisé à enseigner. Beaucoup ont fondé une famille.

Un moine est quelqu'un qui décide de consacrer tout son temps à la pratique, renonçant aux activités telles que s'occuper d'une maison, d'une administration et ainsi de suite. Un moine ne possède rien parce qu'il a renoncé à désirer quoi que ce soit en choisissant de ne pas se laisser distraire.

Et lorsqu'il pratique, il doit le faire de façon très humble, non pas pour montrer aux autres à quel point il est bon, ni pour se gagner le respect des gens. Il ne devrait pas chercher à influencer autrui, et il ne doit déranger personne.

Le Bouddha a expliqué que si un moine demeure humble et respectueux tout en continuant à pratiquer pour le bien de tous les êtres, sans se préoccuper de lui-même, les autres feront quand même attention à lui, mais ses besoins seront minimes : un abri et un peu de nourriture ; il n'est pas permis aux moines de mendier après avoir pris les vœux. Ils doivent développer la confiance et l'équanimité, acceptant ce qui arrive, qu'ils reçoivent quelque chose ou qu'ils ne reçoivent rien.

À la différence des moines chrétiens, les moines bouddhistes n'avaient pas l'habitude de travailler dans leurs monastères du fait qu'il y avait toujours des laïques qui vivaient avec eux et qui s'occupaient des différentes tâches à l'intérieur de la communauté, comme la propriété, etc. L'argent n'était pas utilisé, et ces personnes étaient payées en produits naturels provenant des propriétés du monastère, ou en vêtements, ou en nourriture.

Cette absence de travail n'était pas due à l'idée que le travail soit trop humble pour les moines, mais à une règle qu'ils acceptaient en prenant les vœux : il leur était demandé d'abandonner toute chose et de se consacrer seulement à la pratique. Au temps du Bouddha ils ne savaient jamais ce qu'ils auraient à manger le jour suivant, et cette incertitude les rendait forts et équanimes ; le fait que les gens soient au courant de leur condition faisait qu'ils s'occupaient d'eux quelque peu, augmentant leur compassion à leur contact. Le style de vie des moines encourageait donc indirectement les actions compatissantes qui créaient un bon *karma* pour la vie présente et la prochaine vie. Il en est encore ainsi dans des pays comme la Thaïlande, et de nouveau pour tous les réfugiés tibétains ; ils doivent prendre soin de leur monastère, s'occuper du ménage, préparer les repas et ainsi de suite. Souvent, les moines, ayant consacré toute leur vie à la pratique, deviennent très érudits, mais cela ne veut pas dire qu'ils deviennent lamas, car seul celui qui sait enseigner peut le faire.

Dans le bouddhisme il y a dix préceptes simples, très proches des Dix Commandements, valables pour tous ; puis nous avons les vœux de moine, comme le vœu de célibat, et les vœux de *guényèn*, adaptés aux personnes qui ont choisi de vivre une vie laïque.

Trois de ces préceptes principaux sont en rapport avec les actes que nous ne devons pas accomplir avec le corps : ne pas tuer un être humain, ne pas voler, ne pas faire un mauvais usage du sexe (comme, par exemple, aller séduire un homme ou une femme qui est déjà engagé avec quelqu'un d'autre). D'habitude la polyandrie était admise au Tibet, mais c'était le plus souvent une polyandrie symbolique. Elle provenait du fait que les garçons, habituellement, ne quittaient pas leur famille d'origine ; quand l'un d'eux désirait épouser une femme, celle-ci venait vivre dans la famille de son mari ; la bru prenait la tête de la maison aussitôt que la belle-mère était morte, et elle était toujours considérée comme le symbole de la vie familiale, comme le foyer même. Cette première bru seule était donc, symboliquement parlant, l'« épouse » de toute la famille de son mari, c'était elle qui devenait « la » bru par excellence. Mais en réalité elle n'avait pas de rapports avec ses conjoints ; eux, quand ils le voulaient, pouvaient avoir une vie sentimentale et faire venir leur femme à la maison pour vivre avec eux et leur donner des enfants, mais ces mariages-là n'avaient pas de valeur symbolique comme celui de la première bru entrée dans la famille. Ces règles étaient capables de garantir qu'un seul couple prendrait la place du père et de la mère pour faire avancer les affaires de la famille. Les autres enfants pouvaient se marier officiellement seulement s'ils décidaient de quitter la famille d'origine pour fonder leur propre noyau familial ; en ce cas ils ne perdaient pourtant aucune part d'héritage. La démonstration du fait qu'il s'agit d'une chose absolument symbolique est que si un garçon venait à faire partie de la famille de l'épouse, on le considérait comme l'unique mari. Et même dans ce cas il ne perdait pas son héritage, de même que les filles ne l'auraient pas perdu.

Pour en revenir à notre sujet, quatre des préceptes concernent les actes de la parole qu'il ne faut pas accomplir : mentir, dire des paroles blessantes ou négatives, semer la discorde entre les personnes, ce qui veut dire aussi ne pas faire de commérages, ni parler à tort et à travers, de façon insensée.

Les trois derniers actes que nous ne devons pas accomplir sont des actes de la pensée, puisque nous savons que la pensée est une énergie ; il s'agit donc de ne pas désirer tout avoir, de ne pas penser à nuire ou à faire du mal à quelqu'un, et enfin ne pas cultiver de vues fausses (par exemple la vue fausse de ne pas croire en la loi du *karma*, de ne pas croire ce qui est vrai).

Mais il y a aussi dix bonnes qualités à développer qui correspondent à l'opposé de ces préceptes.

Parmi les vœux des moines et des laïques, peut-être les plus importants de tous sont-ils les vœux de *bodhisattva* par lesquels on s'engage à agir pour le bien de tous les êtres. Il est assez difficile de rompre ces vœux puisqu'il s'agit par-dessus tout d'une tendance, d'une orientation donnée à votre vie, et pour les rompre il vous faudrait vraiment penser : « Je ne veux rien faire pour le bien des êtres. »

Quand vous prenez les vœux de *bodhisattva* vous commencez à développer la compassion, mais ne vous attendez pas à réussir tout de suite complètement, puisque vos anciennes habitudes sont encore présentes. Si vous cherchez à agir de la façon la plus compatissante possible, selon votre capacité, c'est déjà assez. Personne ne s'attend à ce que vous deveniez un *bodhisattva* pleinement réalisé seulement parce que vous avez pris les vœux !

Ces vœux font partie de la tradition Mahayana, appelée aussi le « Grand Véhicule », tradition selon laquelle un *bodhisattva* refusera sa propre réalisation tant qu'il n'aura pas libéré tous les autres êtres.

Dans le « Petit Véhicule », qui est la tradition Hinayana, on préfère atteindre d'abord sa propre libération dans le but de libérer plus efficacement, dans un second temps, les autres êtres. Ces voies sont toutes les deux nées des enseignements du Bouddha, elles peuvent être plus ou moins bien adaptées à une personne plutôt qu'à une autre. Ces approches différentes sont aujourd'hui moins marquées, puisque les communications sont plus faciles.

De nos jours les seules différences qui restent sont formelles, mais d'un point de vue fondamental la méthode ne diffère pas trop. En fait, si vous choisissez le « Petit Véhicule » et si vous commencez à pratiquer pour votre développement, vous développez simultanément la compassion et de ce fait vous ne travaillez plus seulement pour vous-même.

Les moines et les prêtres chrétiens sont très actifs dans le domaine social, car eux aussi sont poussés par la compassion, et la même chose se passe dans les *ashrams* hindous. Les moines bouddhistes ne sont pas seulement des gens qui vont méditer sur la cime d'une montagne, mais dans beaucoup de pays ils organisent des orphelinats, des hôpitaux, des centres d'enseignement, toujours avec l'aide des laïques qui sont concernés par les travaux matériels et par la récolte des fonds, puisque les moines ne possèdent rien.

C'est ainsi que beaucoup d'entre eux sont actuellement engagés dans des activités sociales bien que traditionnellement cela n'aurait pas été possible à cause de la structure du Tibet : comme vous pouvez lire dans « M comme Médecine » l'assistance médicale était gratuite pour tous, et comme la population n'était pas très nombreuse, il y avait de la nourriture et du travail pour tous.

Les vrais mendiants étaient ainsi seulement parce qu'ils n'acceptaient pas de travailler. Les autres personnes que des voyageurs ont raconté avoir rencontrées sur les chemins au Tibet n'étaient pas de vrais mendiants : c'étaient au contraire des pèlerins et des nomades, et en ce cas il revenait à la population de leur fournir abri et nourriture. Les distances étaient considérables et le seul moyen de transport était les chevaux, si bien que c'était habituel de n'emporter avec soi que la nourriture nécessaire pour deux ou trois jours de voyage, après quoi l'aide des populations locales devait intervenir. L'usage de l'argent n'était pas très répandu, et c'était un fait acquis que celui qui avait aidé un voyageur serait à son tour aidé à l'occasion d'un de ses voyages.

Même les riches n'étaient pas capables d'emporter tout ce qui aurait été nécessaire pour un long voyage, si bien que c'était chose commune de les voir demander un peu de nourriture comme les pauvres. Les premiers Occidentaux pensèrent que les Tibétains étaient un peuple de mendiants mais en réalité ils semblaient seulement l'être à leurs yeux d'Occidentaux !

En fait leur style de vie était simple, leurs besoins très réduits comparés à ceux des Occidentaux, ainsi pouvaient-ils sembler pauvres sans l'être cependant ; le style de vie luxueux, à part pour très peu de personnes, n'était pas du tout répandu.

Y... comme Yeti

Le yeti était considéré comme un animal par les Tibétains puisqu'il ne savait pas communiquer selon le mode humain de communication. Or il ne s'agit pas d'une légende.

Il n'y a plus de yetis au Tibet, mais certainement, soixante ou soixante-dix ans auparavant, quand ma mère était jeune, il en existait encore.

C'est elle, en fait, qui me raconta l'histoire d'un médecin qui voyageait à dos de yack, d'un village à l'autre, chargé de médicaments, pour soigner les gens du Tibet oriental ; à un certain endroit, dans une forêt, il rencontra un grand singe qui marchait debout sur ses membres postérieurs, comme un homme : ce singe se mit à suivre le yack et le médecin, à très haute altitude, plus haut que le yack n'était jamais monté. Alors le yeti fit un signe au médecin, il était clair qu'il voulait qu'il le suive. Le médecin avait tellement peur qu'il obéit, abandonnant le yack et poursuivant à pied ; il gagna enfin une caverne, où gisait un être semblable au premier : il était malade, blessé à un pied, et avait une infection causée par une épine. Le médecin le soigna, si bien qu'il le raccompagna plus tard jusqu'à son yack.

Quand nous avons quitté le Tibet, nous avons appris des Bhoutanais que là aussi, au Bhoutan, il y avait une autre sorte de yeti ; ils le décrivaient haut de trois mètres, très poilu, avec un visage léonin. Je ne sais pas comment il faut le classer, si c'est parmi les animaux ou parmi les *devas* puisque ce yeti a certaines caractéristiques de type physique (comme les énormes empreintes qu'il laisse, aussi longues que de la pointe de votre doigt à votre coude, ou bien comme son odeur très particulière) ; mais on dit aussi qu'il est capable d'apparaître et de disparaître comme s'il ne s'agissait pas d'un être physique. Je n'ai jamais entendu parler de contact humain avec cette sorte de yeti.

Z... comme Zoo tibétain

Nous autres Tibétains avons un zoo assez incroyable, bien que le yeti seulement semble attirer l'attention des Occidentaux.

Sur les bannières de prière et sur les peintures tibétaines se trouvent de nombreux animaux mystérieux plus étranges que le yeti. Je veux parler des dragons volants et des lions des neiges.

Les dragons pourraient bien être de la famille de Nessy et l'on dit qu'ils vivent dans des lacs, dans les terres septentrionales du Tibet comme le Gullok, une région plate, voisine du Cheng-Hai chinois. Là, durant la saison des pluies, entre la fin du printemps et le commencement de l'été, il peut arriver qu'une tempête de grêle se déclenche sur le lac. Selon nos traditions, dans une atmosphère brumeuse, un son semblable au tonnerre annonce quelque chose de gigantesque qui sort de l'eau du lac en sautant, en faisant un éclair éblouissant à cause de sa peau écailleuse.

Personne n'a jamais vu la tête du dragon quand il sort de l'eau car il y a trop de brume, mais en regardant un peu plus haut dans le ciel, là où il n'y a plus de brouillard, on dit qu'il est possible de voir la queue du dragon tandis qu'il s'envole à grande vitesse.

Le mot tibétain pour dragon est *drough* qui veut dire aussi « tonnerre ». Du fait que les dragons sont considérés comme forts et doués d'une santé très bonne, la médecine chinoise a introduit dans ses ingrédients principaux ce qu'on appelle « les os du dragon ».

Les Tibétains, comme la majorité des populations de l'Himalaya, croient que les dragons existent, mais selon les Occidentaux les os de dragon ne sont autres que d'anciens restes de dinosaures.

Le lion des neiges est ainsi appelé parce qu'en un certain sens le mot « lion » a l'air d'être plus noble et moins ordinaire que « chien », mais en réalité on dit que le lion des neiges a la hauteur d'une vache et l'aspect d'un chien semblable à notre petit lhassa apso. Comme pour les dragons et les yetis, il y a beaucoup de gens qui disent en avoir vus, à haute altitude, mais toujours de loin : il n'y a pas de témoignage de contact direct. Ainsi que les dragons et les yetis les plus grands, les lions des neiges disparaissent facilement, si bien que les autochtones ne savent pas s'il faut les classer parmi les animaux ou parmi les *devas.*

Qui sait si les Occidentaux ne seraient pas capables de mener une recherche, puisque – à la différence des Tibétains – ils ont un système fondé sur le rassemblement de preuves !

Table des matières

Direction littéraire
Huguette Maure
assistée de
Marie Dreyfuss
et Maggy Noël

Composition PCA
44400 – Rezé

Impression réalisée sur CAMERON par

BRODARD & TAUPIN
GROUPE CPI

La Flèche

pour le compte des Éditions Michel Lafon
en mai 2003

Imprimé en France
Dépôt légal : juin 2003
N° d'impression : 19019
ISBN : 2-84098-973-5
LAF 463